Paul Weber
Schuhe – Drei Jahrtausende in Bildern

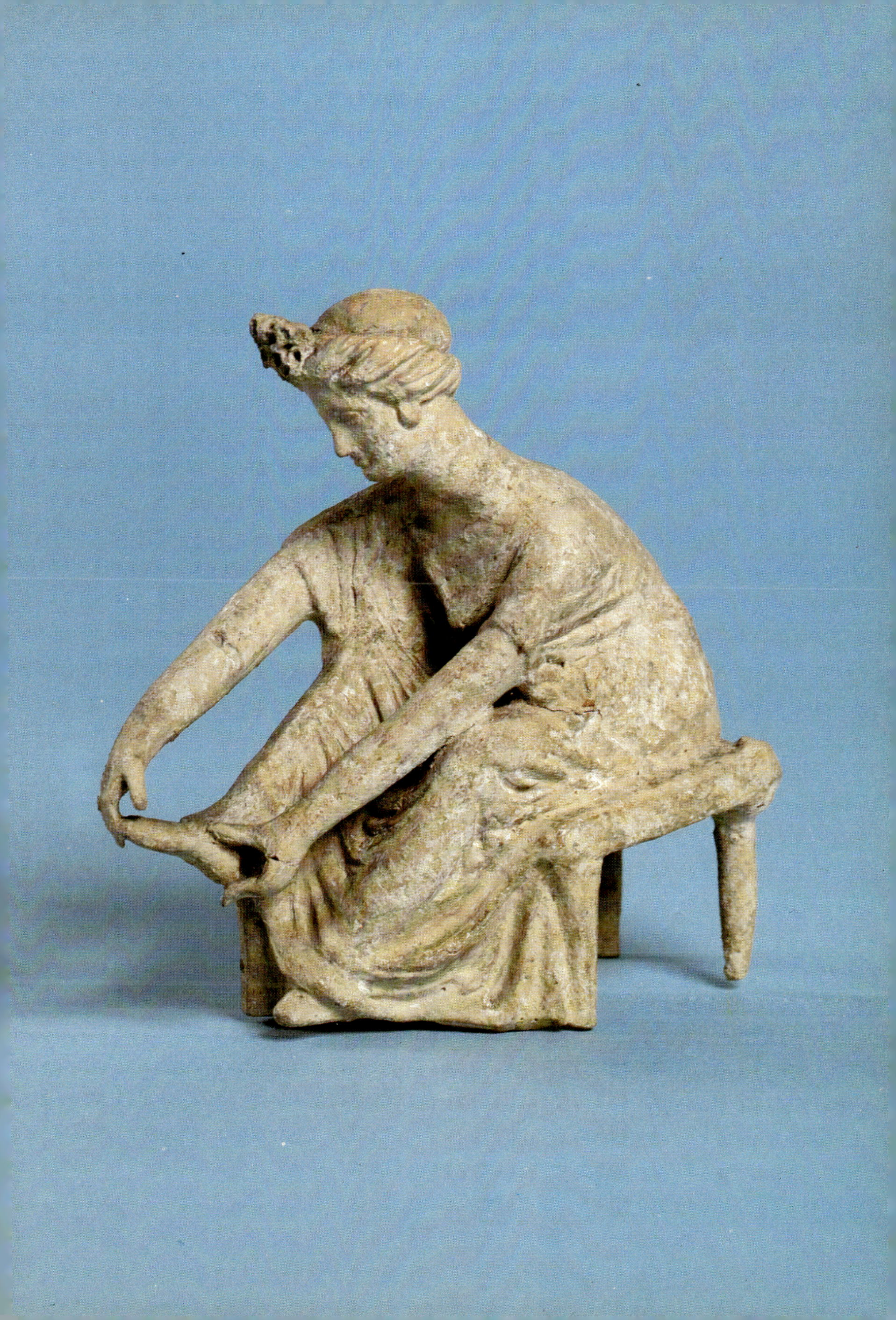

Statuette aus Tanagra (Griechenland),
5. Jahrhundert vor Christus.

Paul Weber

SCHUHE

Drei
Jahrtausende
in Bildern

AT Verlag
Aarau · Stuttgart

Fotos: Peter Fehlmann und Rudolf Hunziker, Lightning, Kölliken/Schweiz
Bildarchiv Bally-Schuhmuseum, Schönenwerd/Schweiz
Herstellung: Grafische Betriebe Aargauer Tagblatt AG, Aarau/Schweiz
Printed in Switzerland
ISBN 3 85502 0647

Notizen zur Geschichte des Schuhes

Ein beliebtes Rezept, kulturgeschichtliche Betrachtungen einzuleiten, lautet: «Schon die alten Römer...» Allein, wenn die Geschichte des Schuhes erzählt werden soll, so treten wir in den frühen Dämmerschein menschlicher Kulturentwicklung und geschichtlichen Bewusstseins, und wir haben zu berichten: «Schon in der Steinzeit...» In der Tat vermitteln Wandmalereien der späten Steinzeit in Höhlen Spaniens und Südfrankreichs erste Kunde vom Schuh. Jäger vor 14000 Jahren banden *Felle* um die Füsse zu mannigfachem Schutz.

Gesicherten historischen Boden betreten wir allerdings erst mit jenen Sandalen – zumeist sind es geflochtene Stroh- oder *Palmblättersandalen* –, die der trockene Boden Ägyptens für die Nachwelt konserviert hat. Die Füsse mit Sandalen zu bekleiden, war in der Frühzeit Ägyptens das alleinige Recht der Götter, Herrscher und hoher Würdenträger. Zahlreiche bildliche Darstellungen geben Kunde davon. Trug in nördlicheren Breiten die Frau die ersten Schuhe, so ist es hier der Mann, der sich als erster die Sandalen anschnallt oder, wie der König auf dem Bildschmuck einer steinernen Schminkpalette aus der Zeit der 1. Dynastie (um 3000 vor Christus), sich solche von einem Kammerdiener in den Händen nachtragen lässt. Die Sandale ist ein Hoheitszeichen. Mit den Jahrhunderten verlor die ägyptische Sandale jedoch ihre Exklusivität. Ähnlich mag die Entwicklung in den alten Kulturen des Zweistromlandes verlaufen sein, wo übrigens der Wechsel von breiten und spitzen Formen bereits auf modische Wandlungen zu deuten scheint; dabei sind neben Fersenkappen auch schon nach oben gebogene *Schnabelschuhspitzen* zu beobachten.

In Griechenland war das Tragen von Sandalen, gleich wie im alten Nilland, ausschliesslich das Vorrecht hoher Würdenträger. Die homerischen Helden des trojanischen Krieges banden sich prachtvolle Sandalen unter. Den Göttern standen, wie Pausanias bezeugt, goldene Sandalen zu. Hermes, der Götterbote, trug, wenn wir dem Bildhauer Praxiteles glauben dürfen, Sandalen mit *flügelartigem Riemenwerk*. Andere Schuhtypen als die Sandale wurden erst im Griechenland der klassischen Zeit heimisch: Frauen und Greise bevorzugten weiche geschlossene Schuhe persischen Stils – die Persikai –; Wanderer und Jäger schlüpften in halbhohe Stiefel östlichen Typs, später in Schnürstiefel.

Die Römer übernahmen im wesentlichen die Fussbekleidung der Griechen, regelten aber deren Gebrauch viel strenger.

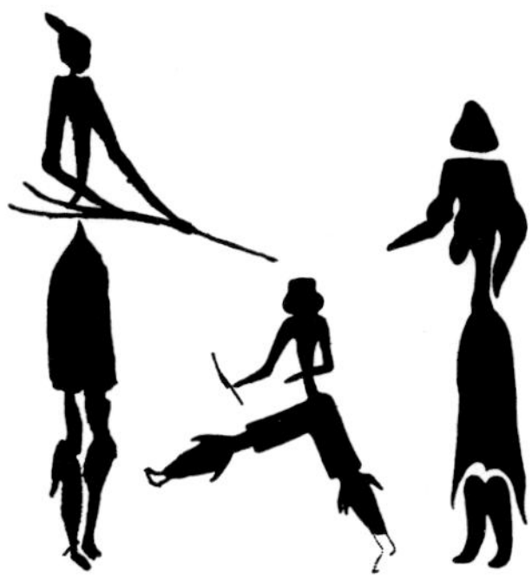

Spätpaläolithische Felsmalereien aus den «Magdalénien-Höhlen» Ostspaniens um 15000 bis 12000 v. Chr.

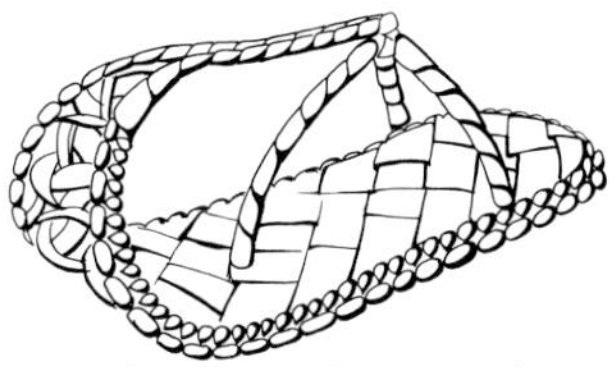

Palmblättersandale aus Theben (Oberägypten), 1400 bis 1250 v. Chr.

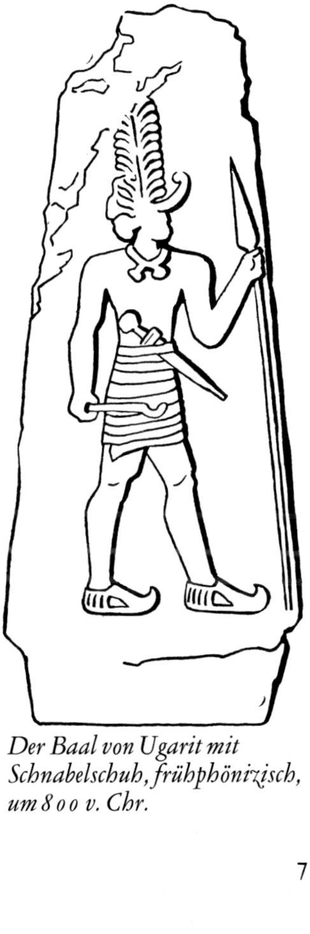

Der Baal von Ugarit mit Schnabelschuh, frühphönizisch, um 800 v. Chr.

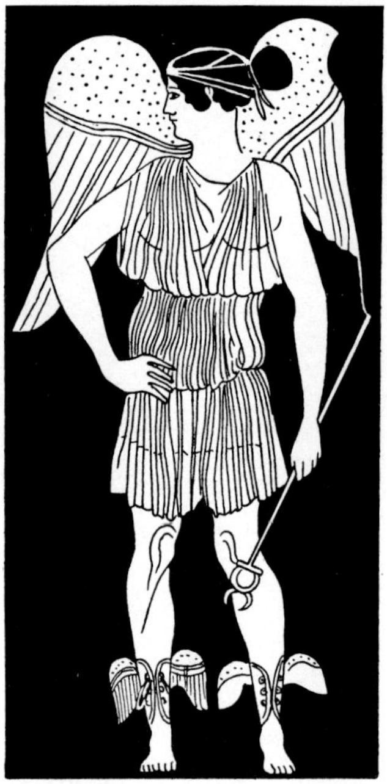

Die Götterbotin Iris mit Flügelgamaschen. Griechisches Vasengemälde, 5. bis 4. Jahrhundert v. Chr.

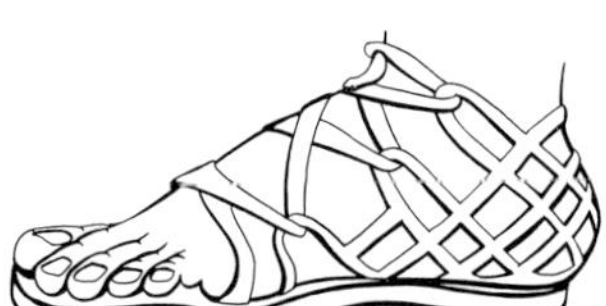

Calceus, ein römischer Männerschuh, 2./3. Jahrhundert.

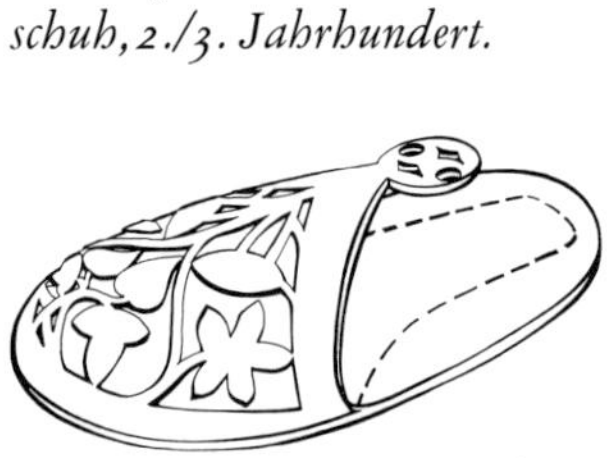

Spätantiker Pantoffel aus der Nekropole von Achmim (Oberägypten), 5. Jahrhundert.

Noch unter Kaiser Hadrian (117 bis 138) galt es für Römer vom Range eines Senators – ähnlich auch für Frauen – als anstössig, mit Sandalen, das heisst mit ganz einfach geschnürten, für den Hausgebrauch reservierten Sohlen (Soleae) auszugehen. Zur Tracht des römischen Bürgers gehörte als Kennzeichen seiner Würde neben der Toga auch der *Calceus,* ein aus reichem Riemenwerk geschaffener Schuh. Auf zahlreichen Standbildern kann man diese Schuhe sehen, die einen mit, die anderen ohne Fersenstück, den Schuh der Patrizier mit einem komplizierten Riemenwerk, das über dem Unterschenkel gebunden und über dem Rist mit einer halbmondförmigen Schnalle verziert ist. Gegen Exzesse ging Kaiser Aurelian (270 bis 275) vor, als er es den Männern untersagte, farbige Schuhe zu tragen, indes er den Frauen gegenüber Milde walten liess und kostbarere Materialien samt Perlen- und Edelsteinschmuck weiterhin gestattete.

Überwiegt in der Antike die Sandale in mannigfachsten Formen, so treten seit dem Ende des 4. Jahrhunderts, zuerst im Einflussbereich von Byzanz, dann auch in Rom selber, der geschlossene Schuh und der *Pantoffel* aus einfachem, braunem oder schwarzem, gelegentlich auch aus kunstvoll verziertem Purpurleder in den Vordergrund. Entsprechende Funde stammen zwar aus dem spätantiken Ägypten, die christlichen Kopten, von deren hohem handwerklichem Können diese Schuhe Zeugnis ablegen, haben aber offensichtlich römische Vorbilder nachgeahmt und diese zugleich verfeinert.

Sowohl die Germanenstämme östlich des Rheins als auch die Franken im Westen trugen primitive Fussbekleidungen aus Fell. In der Zeit der Völkerwanderung vermochte dieser aus einem Fell- oder Lederstück gearbeitete und über dem Knöchel gebundene Schuh, der *Bundschuh,* die hochentwickelten Schuhformen weitgehend zu verdrängen. Feineres Schuhwerk wurde zwar immer noch getragen, aber offensichtlich nur von weltlichen und geistlichen Würdenträgern. Gebräuchlich wurde im karolingischen Zeitalter (7. bis 10. Jahrhundert) der Wickelschuh, eine Art Fuss- und Wadenbinde, und somit zehenfrei.

Die massgebende weltliche, also die höfische Gesellschaft des Mittelalters trug im allgemeinen spitze Schuhformen, und da in der Mode Tendenzen zur Übertreibung häufig sind, wuchsen die Schuhspitzen im späten Mittelalter – nicht zuletzt unter orientalischem Einfluss und im Zusammenhang mit den Kreuzzügen – über alles Mass hinaus: Der *Schnabelschuh* betrat die Modebühne dieser Welt. Er war zu seiner Zeit ein ausgesprochenes Rangabzeichen. Obrigkeitliche Erlasse bemassen die Länge des Schnabels, die den verschiedenen sozialen Rangstufen zukam. Mit Hilfe einer schlanken, hölzernen Trippe, die zum Schnabelschuh getragen wurde, war es den Herrschaften gestattet, die kostbare Spitze vor Strassenschmutz zu schützen und sich selber grösser erscheinen zu lassen. Als die Schnäbel eine

Länge erreichten, die selbst ein geziertes Schreiten nicht mehr zuliess, fand sich der Ausweg, die Spitzen am Bein zurückzubinden. Natürlich wurde da und dort das Tragen der Schnabelschuhe mit Verboten belegt. So bestimmt das Zürcher Kleidermandat von 1371: «Auch soll niemand, weder Mann noch Frau, Knabe oder Tochter, einen Schuh mehr tragen, an dem sich eine Spitze befindet, darin man etwas hineinschieben kann, ...» Schnabelschuhe konnten sich zunächst nur Aristokraten und reiche Bürger leisten. Der kleine Mann, sofern er nicht barfuss ging, trug zu den Beinlingen – einer Art Strumpfhose – Holztrippen, vielleicht auch Holzschuhe oder einfache Bundschuhe aus Leder.

In der Renaissancezeit (16. Jahrhundert) schlug dann die Schuhform betont ins Breite um: *Bärentatzen* und *Kuhmäuler* sowie die Hornschuhe wurden Mode. Wie die Kleider wurden auch die Schuhe vielfach geschlitzt. Mit einer modischen Extravaganz besonderer Art warteten die modebewussten, ein bisschen exzentrischen Damen in Venedig und Florenz in diesem Jahrhundert auf: Sie trugen *Chopinen,* eine Art Stelzschuhe, deren überhöhte Sohle aus leichtem Holz gebaut, mit Stoff oder Leder überzogen und in der Regel auch prunkvoll geschmückt war. Um sich auf Chopinen vorwärtsbewegen zu können, musste sich die Dame auf Dienerinnen oder galante Herren zur Rechten und zur Linken stützen. Aber auch hier war der Hohe Rat der Lagunenstadt schon sehr bald mit Verordnungen zur Stelle, mit denen er gegen diese Modeauswüchse anzugehen versuchte. Die gleiche Chopine, Abbild eines schon viel älteren Stelzschuhes aus dem östlichen Mittelmeerraum, war schon im 14. Jahrhundert in Spanien aufgetaucht und hat von dort aus auch Länder wie Frankreich und England erreicht.

Um 1600 tritt erstmals der Absatz auf das Parkett der Mode. Er war dafür gemacht, den Verlust der modischen Extravaganz wettzumachen, welcher durch den Abschied des Schnabelschuhes entstanden war. Neuere Untersuchungen lassen den Schluss zu, dass sich der Absatz auf einem Haken am Reitstiefel für den festen Halt im Steigbügel im 12. und 13. Jahrhundert im Orient entwickelt hat. Nachdem man erkannt hatte, dass sich der menschliche Körper durch einen untergestellten Absatz verändert und so eine sehr viel betontere Oberkörperwirkung erzielt, übernahm der *Absatz* seit dem Ende des 16. Jahrhunderts eine vom Reitstiefel unabhängige Funktion. Da in der Frauenmode betonte und nichtbetonte Figuren wechseln, variieren die Absätze der Damenschuhmode in den folgenden Jahrhunderten.

Das Barock formt den Absatz und den ganzen Schuh so schwungvoll aus wie irgendeines seiner Stilelemente. Bevorzugt wird der Halbschuh aus Samt oder Seide mit reichen Stickereiornamenten; hinzu kommen Schliessspangen und Schnallen. Dem

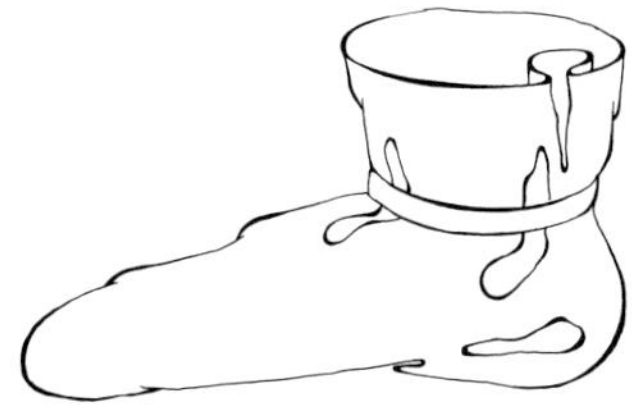

Germanischer Bundschuh, bestehend aus einem Stück Leder, gebunden über dem Knöchel.

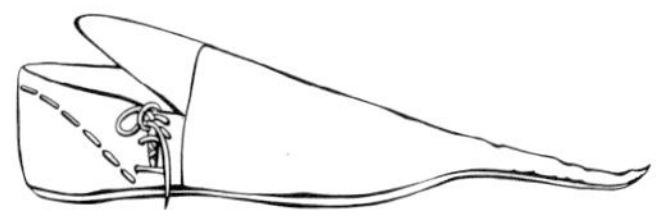

Gotischer Schnabelschuh, in Europa anzutreffen im 14. und 15. Jahrhundert.

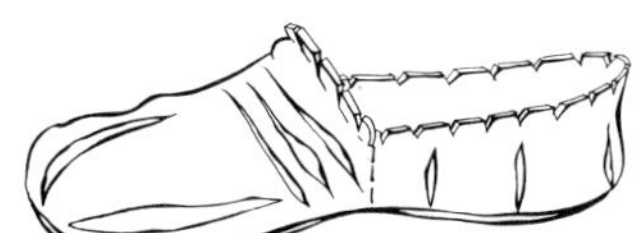

Geschlitzter Renaissanceschuh, bei breiter Ausformung des Vorderteils, «Kuhmaul» genannt.

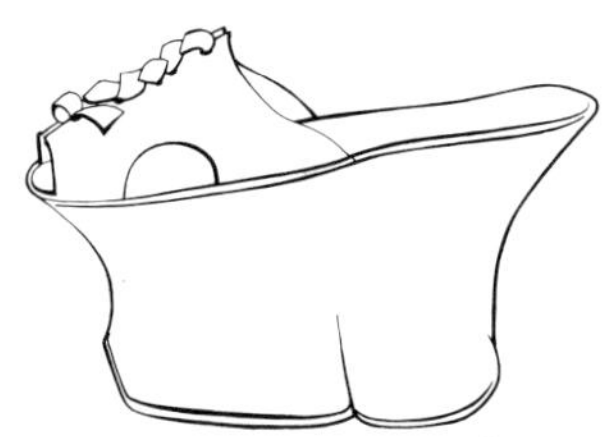

Venezianische Chopine (Stelzschuh), 16. Jahrhundert.

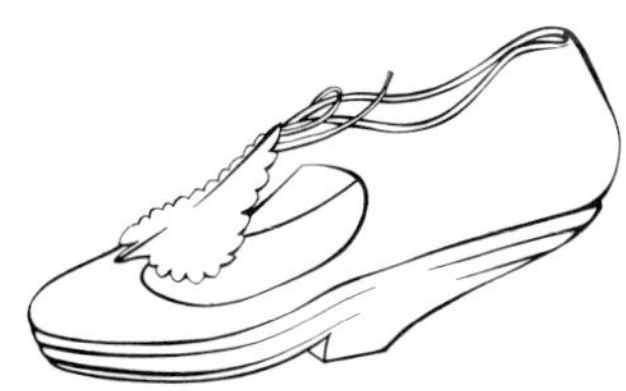

Schuh in barockem Schnitt mit Absatz, 17. Jahrhundert.

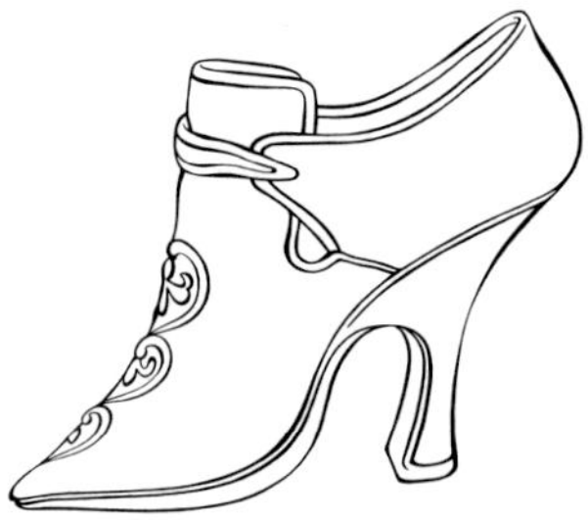

Damenschuh mit hohem Louis-XV-Absatz, 18. Jahrhundert.

höher und höher strebenden Absatz kam in einer Mode, die bei langen Kleidern auf ein besonders schönes Décolleté mit betontem Oberkörper besonderen Wert legte, offensichtlich die Funktion einer Figurkorrektur zu. Unter *Ludwig XIV.* erreichte der *Absatz* allerdings eine so gefährliche Höhe, dass die Damen einen Stock zur Fortbewegung benötigten. «Ohne diese Anstrengung, den Körper hinten zu verschieben, wäre die Puppe auf die Nase gefallen», schreibt Graf Vauban in seinen Memoiren.

Die Französische Revolution kennt keine Gnade für den Absatz: Zusammen mit der Schnalle des Herrenschuhs gehört er zu den aristokratischen Symbolen, die es zu beseitigen gilt. Die Republikaner bewegen sich fort in schmucklosen Schuhen ohne Absatz. Nur sehr zaghaft nimmt dieser zierliche, leichte Schuh – *Escarpin oder Stiefelette* – nach der eher nüchternen Stilepoche des Empire wieder Schmuck an. Reichere Stoffe, farbige Leder, Maschen und Rüschen kommen erst im behaglicheren Biedermeier wieder zu Ehren. In dieser Zeit – zwischen 1820 und 1850 – beginnt der Absatz wieder stärker in Erscheinung zu treten, unverkennbar im Zusammenhang mit der schon während des Biedermeier und vor allem des nachfolgenden Zweiten Rokokos sich völlig auf die Gestaltung des fraulichen Oberkörpers konzentrierenden Mode. Die Herren lassen sich im Biedermeier auf eine korrekte und elegante Kleidung verpflichten und schwenken für mehrere Jahrzehnte, ja auf ein Jahrhundert, auf die Linie des Halbstiefels, der *Bottine,* ein.

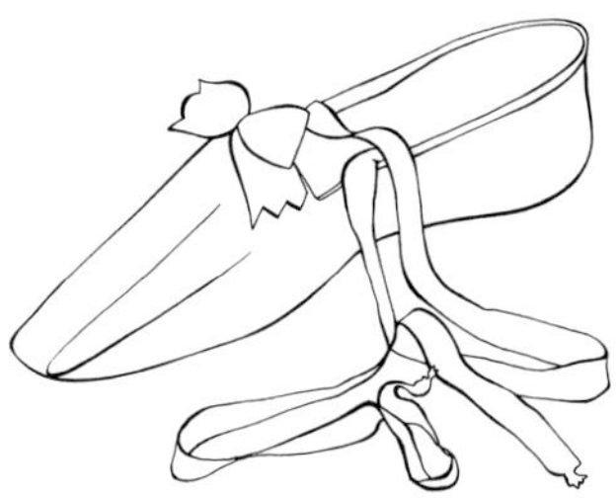

Absatzloser Escarpin der Empirezeit, 1810 bis 1825.

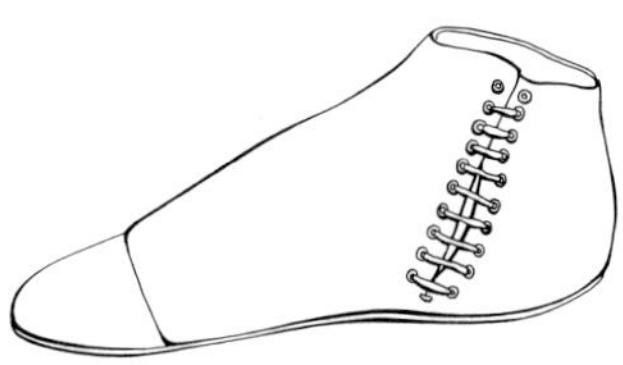

Absatzlose Stiefelette der Empirezeit, 1810 bis 1825.

In ausgiebigerem und rascherem Rhythmus wechseln von nun an die Schuhmoden. Dies hat seinen guten Grund: Das Handwerk und die inzwischen mächtig gewordene Schuhindustrie arbeiten nun frei von den Bindungen und Formgesetzen eines bestimmten Stils, der einheitlich und allgemeingültig wäre. Erst ein halbes Jahrhundert später, in der Zeit des Jugendstils, wurde diese Ungebundenheit als Mangel empfunden, dem man bis heute vergeblich abzuhelfen versuchte. Doch deshalb drückte der Schuh die nachkommenden Generationen keineswegs. Sie freuten sich am *Schnür- und Knopfstiefel* mit hohem Schaft und fanden offenbar auch genügend Musse, solche Schuhe zu schnüren und zu knöpfen. Sie lernten neue Materialien und neue Schmuckelemente kennen. Sie machten Bekanntschaft mit dem Pumps, dem Tessie, dem Trotteur und anderen neuen Typen. Ja auch die Sandale feierte in unzähligen Varianten fröhliche Urständ. Für neue Verwendungszwecke, berufliche oder sportliche, wurden neuartige Schuhe geschaffen: Die Bergsteiger und Wanderer, die Ski- und Schlittschuhfahrer, die Fussballer und Tennisspieler, die Feuerwehrmänner ... und die Astronauten erhielten ihren eigenen Schuh.

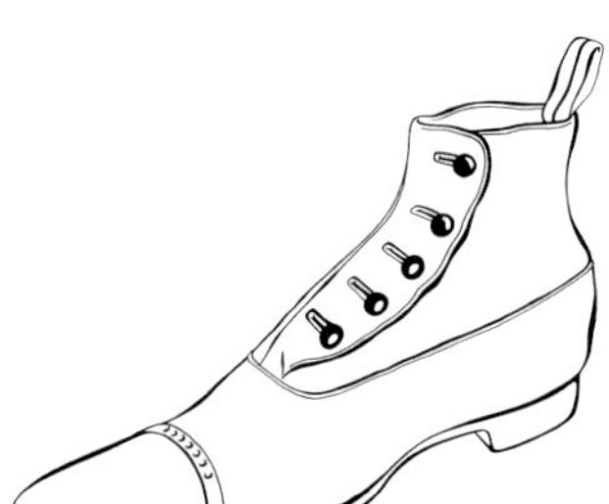

Herren-Knopfbottine, Beginn des 20. Jahrhunderts.

Etwa ein Dutzend Schuhmuseen in der ganzen Welt machen es sich zur Aufgabe, das Kulturgut des Schuhes in besonders sorgsamer Weise zu hüten und der Nachwelt zu erhalten. Bedeutende Sammlungen gibt es in Offenbach am Main (Deutsches Ledermuseum), Northampton (England), Romans (Frankreich) und Waalwijk (Holland). Ein bedeutsames Schuhmuseum ist erst vor wenigen Jahren in Japan gegründet worden.

Die «Bally-Ausstellung Felsgarten» in Schönenwerd hat es ermöglicht, die faszinierende Geschichte des Schuhes zu erzählen. Im Bally-Schuhmuseum, gegründet 1942, begegnen dem Besucher zahlreiche Zeugen dieser Geschichte, darunter die Stars auf den folgenden Bildtafeln.

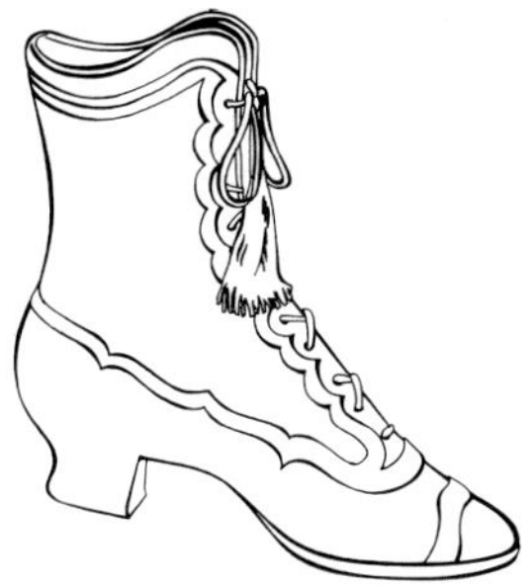

Damen-Schnürbottine um 1885.

Geheimnisvolle Spuren des Schuhes

Spätpaläolithische Felsmalereien aus den Magdalénien-Höhlen Ostspaniens, die um 15 000 bis 12 000 vor Christus entstanden sind, zeigen Männer, die Fellhosen und Fellstiefel tragen, und eine Frau, die mit einem Rock und mit Stiefeln aus Fellen bekleidet ist. Es ist heute das älteste Dokument, das die Existenz des Schuhes bezeugt. Es ist jedoch als sicher anzunehmen, dass der Schuh schon viel früher erfunden worden ist.

Das älteste Schuhzeugnis, mit dem die Ausstellung Felsgarten in Schönenwerd aufwarten kann, reicht «nur» ins dritte, vielleicht ins vierte vorchristliche Jahrtausend zurück. Ähnlich wie die Bilder von Fussspuren und Schuhen auf skandinavischen Felszeichnungen der Nacheiszeit, sind die Gefässe aus rotem und schwarzem Ton, die aus verschiedenen Gebieten des heutigen Iran stammen, vermutlich mit Kultgebräuchen in Zusammenhang zu bringen. Die Schuhsohlen oder Fussabdrücke, die gleichzeitig mit Pflug, Schiff und Fruchtbarkeitssymbolen, wie Sonnenrad und Spirale, auf den Felszeichnungen erscheinen, sind offenbar Spuren der Götter, die das Bild beschwören will. Eine ähnliche Bedeutung haben vermutlich die alten Völkerschaften, die im östlichen Mesopotamien oder am südlichen Ufer des Kaspischen Meeres lebten, diesen Schuh- und Stiefelgefässen zugemessen, die mit anderen Beigaben die Grabstätten ihrer Toten ausstatten mussten. Diesen zeichenhaften Schuhen schrieben sie, wie es scheint, die Macht zu, Gottheiten des Himmels und der Erde – vor allem göttliche Kräfte der Fruchtbarkeit – in wohltätigem oder schützendem Sinne wirksam werden zu lassen. Der Schuh als Glücksbringer, wie er später in Erscheinung tritt, hat hier offenbar seine gewichtigen Vorläufer.

Schuh- und Stiefelgefässe aus Persien, Grabbeigaben:
Schuhgefäss aus schwarzem Ton. Persien, Talysch-Gebiet, frühe Bronzezeit, etwa 2000 vor Christus (oben).
Stiefelgefäss aus rotem Ton, Nordpersien, bei Amlasch gefunden, etwa 1500 vor Christus (Mitte).
Schuhgefäss aus Ton mit schwarzer Bemalung. Westpersien, Zagrosgebirge (Luristan), Frühbronzezeit, 2200 bis 1750 vor Christus (unten).

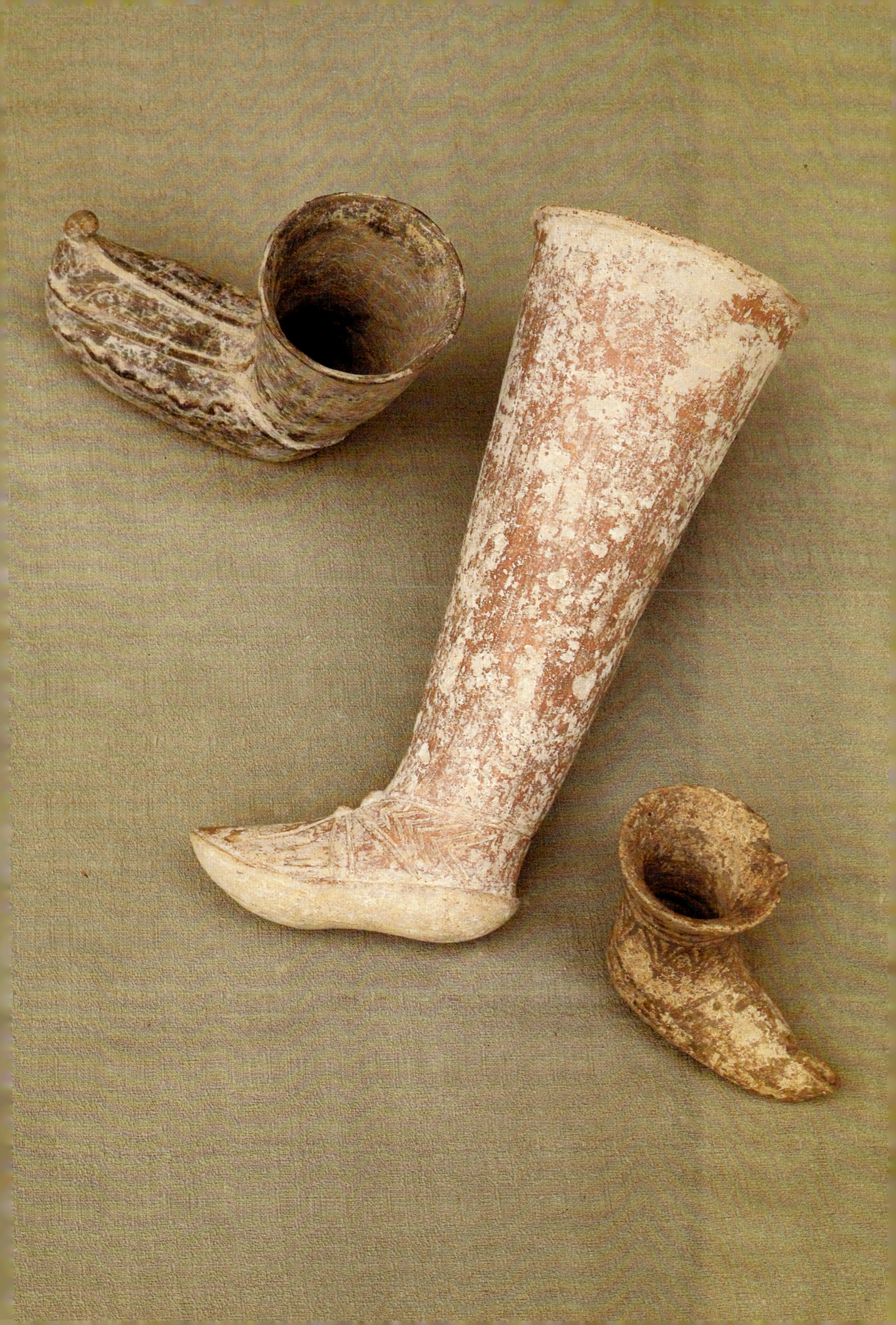

Dreitausendjährige Sandalen aus dem Reich der Pharaonen

Ein Urtyp des Schuhes ist sicher die Sandale, genauer ausgedrückt: die Sohle. Sie bietet Schutz gegen den kalten wie den heissen Boden. Angefertigt wird sie aus Palmblattstreifen, Bastgeflecht, Holz oder Leder; am Fuss befestigt wird sie mit Bast, Papyrus oder Lederriemen. Ein anderer Urahne ist, wie Forrer (Archäologisches zur Geschichte des Schuhes aller Zeiten) meint, der aus Fellstücken geschaffene, den ganzen Fuss umhüllende und über dem Knöchel festgebundene Schuh. Der Bundschuh der Germanen, die Pelzstiefel der Lappen und Eskimos, die Mokassins der Indianer Nordamerikas und – in einem bedingten Sinne – die aus einem einzigen Lederstück gefertigten Opanken der Balkanvölker wären Nachfahren dieses für Regionen mit garstigerem Klima geschaffenen Schuhs.

Die beiden Sandalen mit aufgebogener Spitze oder Schnabel – sie stammen aus der altägyptischen Stadt Theben – verraten deutlich hethitischen Einfluss und sind darum nach Meinung des prominenten Ägyptologen Dr. Wild eher der 19. als der 20. Dynastie zuzuordnen. Die Datierung auf 1250 vor Christus ist darum als vorsichtig zu bezeichnen. Viel jünger ist die dritte Sandale, auch sie aus Palmblattstreifen angefertigt, doch vorne abgerundet, breit und flach. Gefunden wurde sie auf dem koptisch-byzantinischen Gräberfeld von Achmim im oberen Niltal und ist zeitlich dem 1. oder 2. Jahrhundert nach Christus zuzurechnen.

Typisch für alle drei Sandalen ist die Art ihrer Befestigung am Fuss: Sie werden mit einer dreieckigen Riemenkonstruktion gehalten, das heisst, ein Riemen wurde zwischen der grossen und der nächsten Zehe durchgeführt.

Palmblattsandalen aus Theben (Oberägypten), vor 1250 vor Christus (Mitte und unten); runde Form, Achmim (Oberägypten), 1./2. Jahrhundert nach Christus (oben rechts).

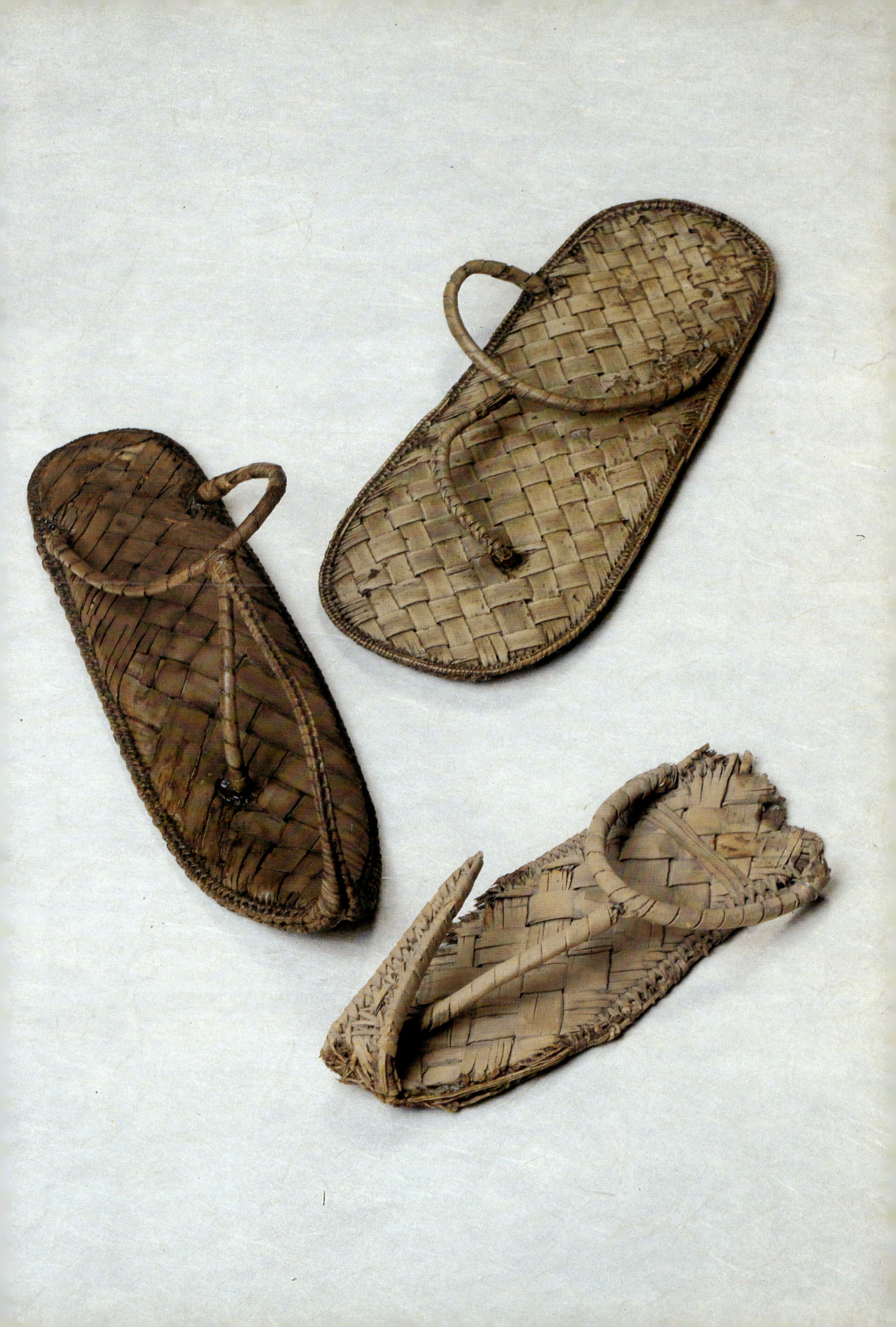

Spuren des Schuhes auf antiken griechischen Gefässen

Wollte man allein auf das Bild der Schuhmacherwerkstatt abstellen, das man auf einer Amphore des 5. oder 4. Jahrhunderts vor Christus (heute im Metropolitan-Museum in New York aufbewahrt) abgebildet sieht, könnte man glauben, die altgriechischen Schuhmacher hätten vornehmlich Schuhe und Stiefel hergestellt. Aber andere Dokumente geschriebener oder bildlicher Art vermögen deutlich zu belegen, dass hier wie in Ägypten die Sandale unter den verschiedenen Formen der Fussbekleidung den Haupttyp darstellte.

Die Sandale ist anfänglich nur den Vornehmen vorbehalten. Die homerischen Helden des trojanischen Krieges binden sich schöne Sandalen unter. Die Götter des Olymp werden bald nacktfüssig, bald mit Sandalen bekleidet dargestellt. Selbst die dem Meer entstiegene, also doch wohl barfüssig geborene Göttin Venus wird in einer bekannten Statue des 5. Jahrhunderts mit Sandalen bekleidet. Die Göttin Artemis trägt dagegen als Waldgöttin zum Schutze gegen Dorngestrüpp hochberiemte Sandalen oder dem zarten Geschlecht angepasste Schnürstiefel. Ähnliche Stiefel trägt auf einem griechischen Vasenbild auch der berauschte Bacchuspriester; in seinem Fall scheint Beschuhung ein Zeichen seiner besonderen Stellung und Würde zu sein. Geflickte Stiefel aus Stierleder trägt jedoch Laertes, der Vater des Odysseus, der einst König war, aber jetzt, wie ihn sein Sohn aufsucht, nur mehr niedrige Arbeit auf dem Land verrichtet.

Auf den drei Schuhgefässen, die sich im Bild vorstellen, kann man die drei wichtigsten Schuhtypen der Griechen erkennen: den halbhohen, sehr vornehmen Schnürstiefel auf der kleinen Amphore, den eigentlichen Schuh auf dem attischen Tongefäss und die Sandale auf dem Salbölgefäss oder Balsamarium.

Schuhgefäss
aus rotem Ton, schwarz bemalt, attisch,
5. bis 7. Jahrhundert vor Christus (oben).
Salbölgefäss aus Ton, bemalt, attisch,
5. Jahrhundert vor Christus (Mitte links).
Amphore in Stiefelform mit aufgemaltem Schnürstiefel,
5. Jahrhundert vor Christus (unten rechts).

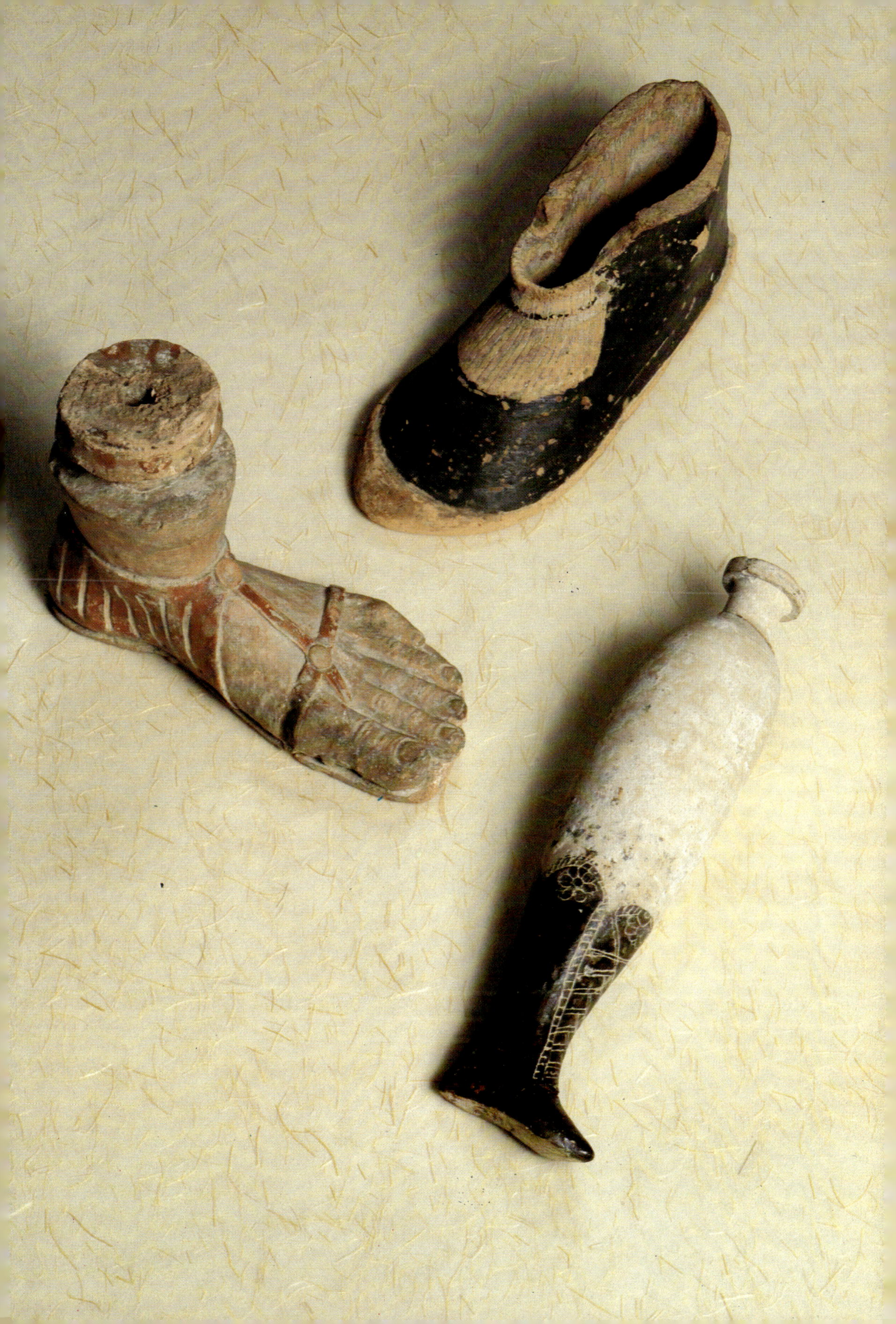

Die Holzsandale der Etruskerin

Einfache, aus einem glatten Holzbrett herausgeschnittene Sandalen sind schon in altägyptischen Gräbern gefunden worden. Sandalen, deren Holzsohlen auf der ganzen Lauffläche massiv benagelt und rundherum mit einem schmalen Bronzeblech verstärkt sind, tauchen aber erst im antiken Griechenland und insbesondere in Etrurien auf. Derartige Bronzesohlen wurden in Eretria, auf einer einst von Ioniern bewohnten griechischen Insel (Euböa), zutage gefördert.

Eine Besonderheit der Holzsandale, die hier abgebildet ist und aus Etrurien stammt, ist ein Scharnier, das die zweigeteilte dicke Holzsohle mittels eines mit Bronzenägeln befestigten Leders zusammenhält und gleichzeitig flexibel macht – eine Idee, die Schuhmacher auch heute noch verblüfft. Benützt wurde diese Sandale vermutlich von einer Dame, die auch bei Regenwetter den Gang ins Freie wagen wollte und dank der dicken Sohle dem Schmutz und Schlamm der Strasse enthoben zu werden hoffte. Vielleicht war sie auch dazu geschaffen, einer Trägerin von kleinerem Wuchs körperlich ein wenig nachzuhelfen. Sie hat in römischer Zeit als «Tyrrhenische Sandale» fortbestanden.

Nicht Etrurien, sondern bereits Rom zuzuordnen ist die Bronzekanne, die mit der etruskischen Holzsandale auftritt. Gefunden wurde sie in Syrien, dürfte aber einst Angehörigen der dort niedergelassenen römischen Kolonie als Weinkanne gedient haben. Dass ihr Henkel Beingestalt angenommen hat und am unteren Ende in einen mit Sandale bekleideten Fuss mündet, darf wohl wieder als magisches Zeichen gewertet werden. Ob man darin Wein oder Wasser aufgetragen hat, das eine und andere, so glaubten sie, waren willkommene Geschenke der Götter.

Holzsandale mit Scharnier, etruskisch,
6. Jahrhundert vor Christus.
Bronzekrug mit Henkel in Beinform, römisch,
2. Jahrhundert vor Christus.

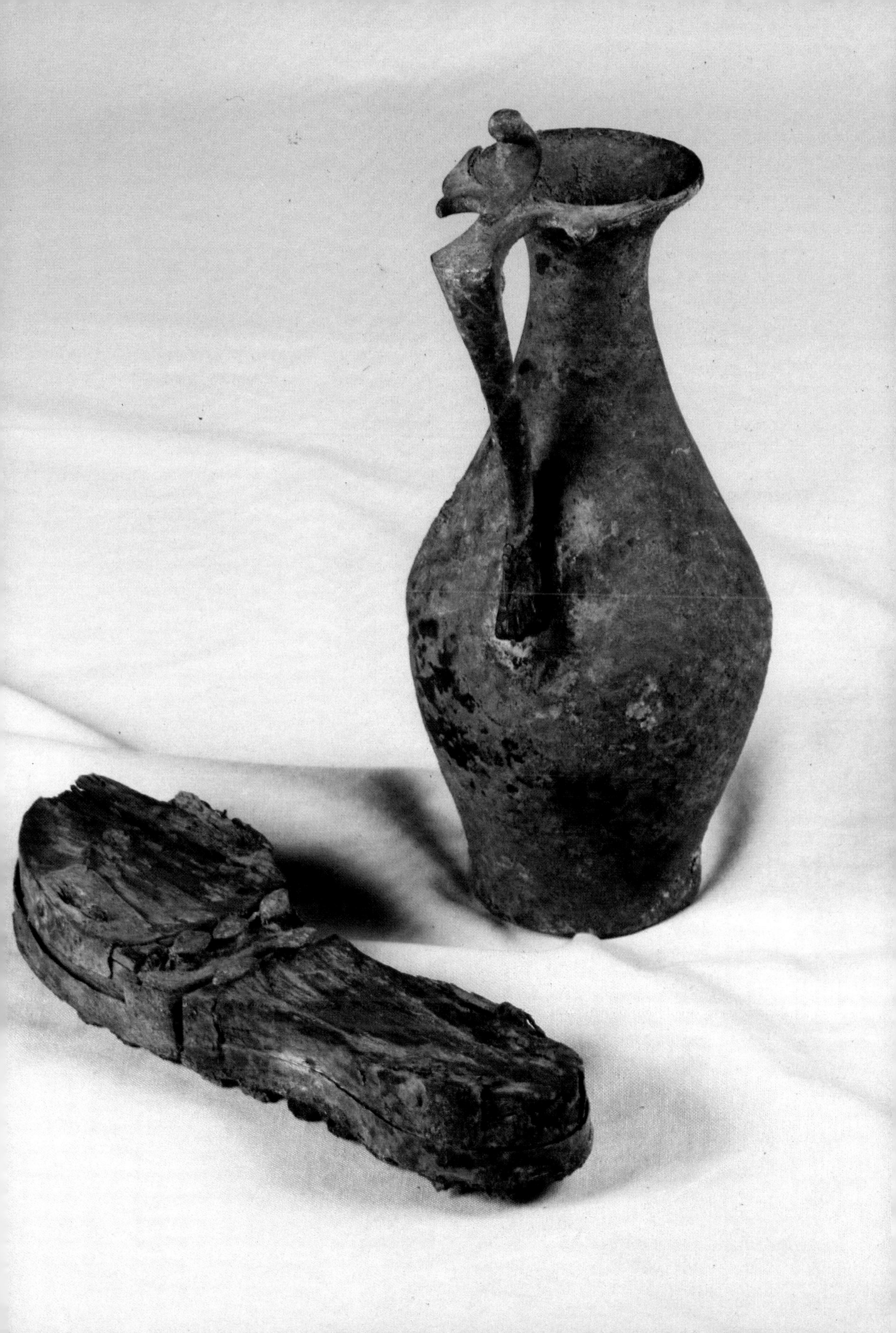

Etruskische Schuhvielfalt – Zeugnisse aus gebranntem Ton

Originale etruskische Schuhe sind, wenn man von den bronzebeschlagenen «Tyrrhenischen Holzsandalen» absieht, kaum irgendwo zutage gefördert worden. Doch Bilddokumente gibt es genug, um den Reichtum an Schuhformen, den die Etrusker gekannt haben, vor Augen zu führen. Auf älteren Darstellungen, die bis ins sechste vorchristliche Jahrhundert zurückreichen, zum Beispiel auf den bemalten Grabplatten von Cerveteri oder auf den behauenen Steinurnen und Grabsäulen von Chiusi, kann man feierlich daherschreitende Frauen oder tanzende Mädchen sehen, bekleidet mit der bodenlangen Tunika und dem kürzeren, den Kopf meist mitbedeckenden Mantel, aber auch zwei sitzende, miteinander diskutierende Greise oder den Gott Apoll, der bei der Entführung einer jungen Frau durch ein geflügeltes Wesen zugegen ist, und sie alle tragen ausnahmslos Schuhe mit langen, nach oben gebogenen Spitzen. Es ist ein Schuhtyp, der in Etrurien schon länger heimisch ist und – vor allem in der Schnürstiefelform – seine östliche, asiatische Herkunft nicht verleugnen kann. Auf einigen etruskischen Darstellungen erscheint der Schnabelschuh auch in niedriger Form; er muss schon sehr früh in Norditalien getragen worden sein und ist von dort über Etrurien bis nach Rom gelangt.

Vom 5. Jahrhundert an machen sich gewisse Veränderungen nicht nur in der Tracht, sondern auch in der Fussbekleidung bemerkbar. Die einst langen Mäntel der Männer wandeln sich zur kürzeren Toga, die Frauen vertauschen ihre schweren Tunikas mit dem leichteren, kurzärmligen Khiton. Dazu tragen sie keine Schnabelschuhe mehr, sondern bevorzugen Sandalen und sokkenartige Schuhe aus Stoff und ungegerbtem Leder.

Die wichtigsten neuauftretenden Schuhtypen sind auf dem Bild – zwar aus Terrakotta geschaffen – angetreten: Ein sohlenfreier aus einem einzigen Lederstück geschaffener und über dem Rist gebundener Schuh, ein Vorläufer des römischen Pero. Ein hinten ganz geschlossener und vorne mit reichem Riemenwerk und über dem Rist geschnürter Schuh, der in Rom den Namen Calceus oder Compagus tragen wird. Schliesslich die Sandale, die nachmalige Solea der Römer, mit einfachem Riemenwerk und dekorativer Verknüpfung des Zehen- und Knöchelriemens auf dem Rist. Einflüsse nicht nur aus Griechenland, sondern auch aus Phönizien, Zypern und Spanien sind auch hier allgegenwärtig. Das verwundert nicht, wenn man weiss, welch intensive Handelsbeziehungen die Etrusker damals im ganzen Mittelmeerraum und darüber hinaus pflegten.

Statuenfragmente aus Terrakotta, etruskisch,
4. Jahrhundert vor Christus:
Vorderteil eines Fusses, bekleidet mit einem Halbstiefel (oben).
Schuh mit reichem Riemenwerk auf dem Vorderfuss (links).
Fuss mit Sandale, einfaches Riemenwerk, starke Sohle (rechts).

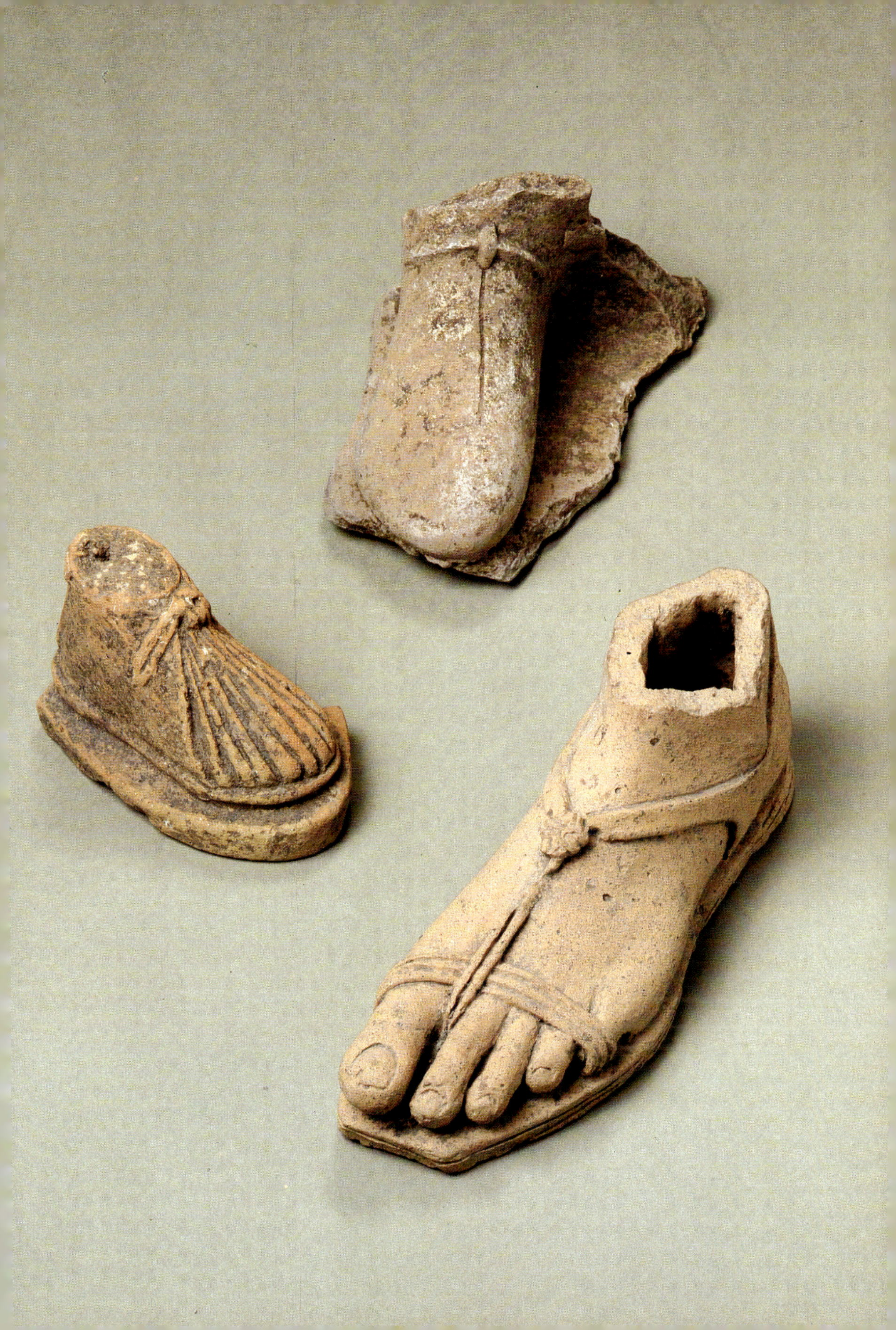

Die Sandale des römischen Zenturio

Das Schuhwerk der Römer zeichnete sich durch eine erstaunliche Formenvielfalt aus, und jede dieser Schuharten hatte ihre genaue und festgelegte Bestimmung. Am Schuh, den der Römer in der Öffentlichkeit trug, konnte man seinen Stand und seine Vermögenslage ziemlich treffend ablesen.

Eine besondere Art der römischen Solea oder Sandale – ursprünglich eine blosse Sohle, die durch schmale Lederriemen festgehalten wurde, die man zwischen den Zehen hindurchführte – stellt die *Caliga* dar, eine für die Soldaten bestimmte Fussbekleidung. Sie wurde sowohl vom gemeinen Soldaten wie vom Zenturio getragen. Es war eine dicke Sohle, die vom Gelenk bis zur Ferse mit Lederstreifen versehen war. Einige Riemen liefen bis über den Knöchel. War die Caliga für die Reiter bestimmt, so hatte sie nicht nur Nägel auf der Sohle, sondern auch im Schnitt, damit man dem Pferd die Sporen geben konnte. Wenn die Reiter wohlhabend waren oder einen hohen Grad hatten, waren die Schnittnägel aus Silber oder gar aus Gold. Für die leichte Infanterie war die Caliga Speculatoria ausersehen, deren Sohle viel weniger schwer und nicht benagelt war.

Gajus Cäsar, römischer Kaiser von 37 bis 41, trug in seiner Jugend mit Vorliebe diesen bequemen Schuh; seine Soldaten bemerkten es und gaben ihm wegen dieser zu seinem Stand nicht passenden Fussbekleidung den – das Wort verkleinernden – Übernamen Caligula, der ihm in der Geschichte geblieben ist.

Das reiche, über den Knöchel reichende Riemenwerk der abgebildeten Caliga verrät, dass ihr Träger mehr als ein gemeiner Soldat gewesen sein muss. Die vierfache Bindung über dem Knöchel gibt ihn vielmehr als Zenturio, Befehlshaber einer Zenturie, aus. Zusammen mit den wildledernen Beinlingen ergaben solche hochgeschnürten Sandalen eine sehr solide und zugleich bequeme Fussbekleidung.

Fussfragment eines Reiterstandbildes aus Bronze, römisch, Strassburg, 1. Jahrhundert.

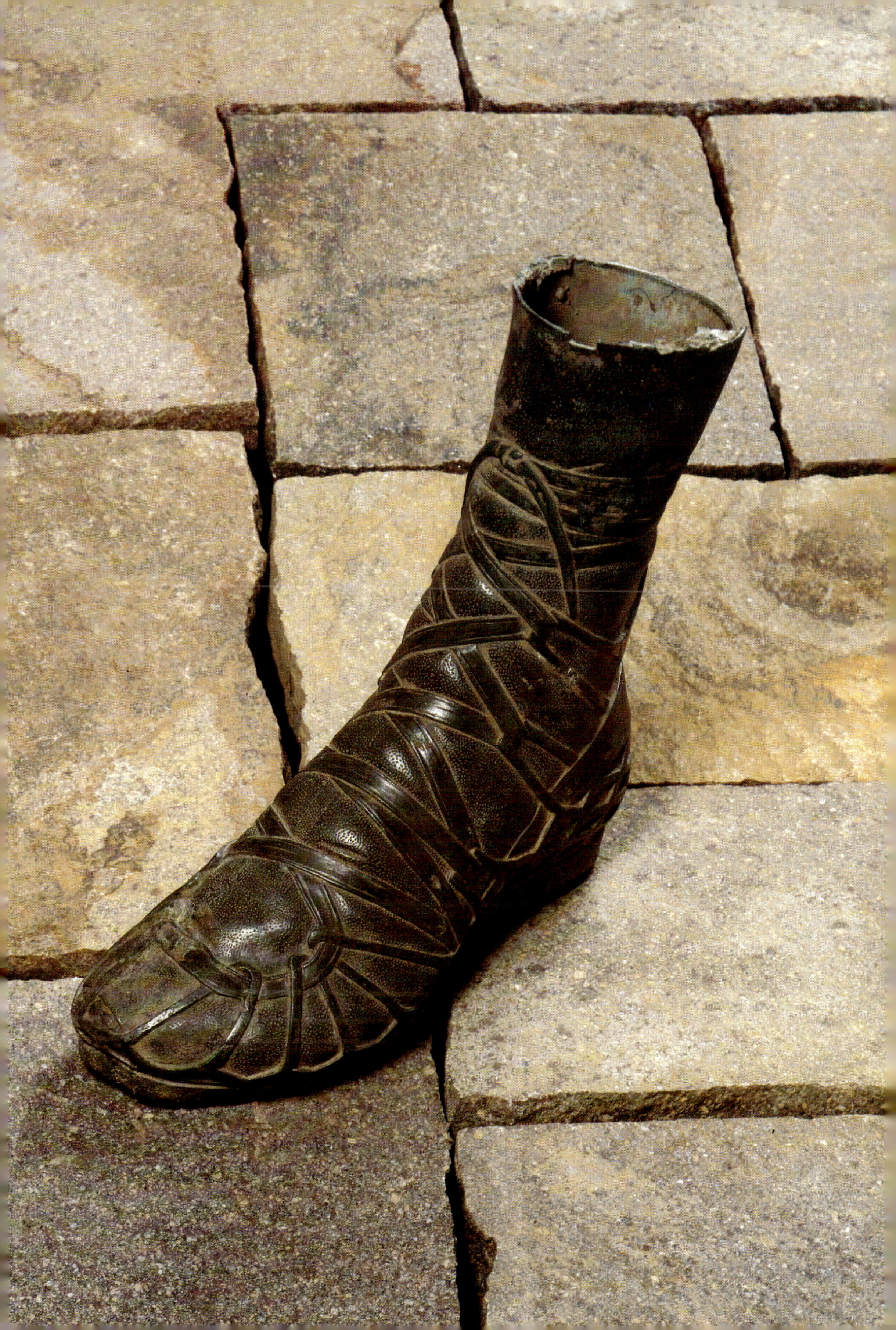

Der Prunkschuh einer römischen Marmorstatue

Der äusseren Form nach möchte man den prunkvollen Schuh, mit dem eine Statue in der Hauptstadt des römischen Imperiums ausgestattet war, zur Familie der *Perones* zählen. Der Pero war eine Art Halbstiefel, den die Bewohner des alten Latiums – einer Landschaft Mittelitaliens am Tyrrhenischen Meer – sehr häufig trugen. Gefertigt war er aus unpräparierten Häuten. Zu Beginn der republikanischen Zeit wurde er der Schuh aller Römer; später beschuhten sich mit ihm allein die Bauern.

Der einfache Pero liess die Zehenform sichtbar werden, da er aus roher, nur kurz in Alaunbad getauchter Haut geschnitten war und erst noch keine Sohle besass. Immerhin konnte schon dieser relativ frühe Pero bereits mit einer Bordüre und einem schönen Schnürwerk versehen sein. Spätere Perotypen, zu denen wohl auch der auf dem Standbild kopierte Schuh gehört, nahmen eine richtige Ledersohle an, liessen sich hinten und seitwärts reich verzieren und prunkten überdies mit eichelförmigen Zierknöpfen rings um die Schnüreinfassung. Der Mann, der hier zu Standbildehren kam, dürfte wohl mehr als ein Bauer gewesen sein. Vielleicht hat er eine einflussreiche, vornehme Persönlichkeit aus der Zeit der Republik (vor 31 vor Christus) verkörpert.

Die eigentliche Fussbekleidung des römischen Bürgers war der *Calceus*, ein geschlossener Schuh; auch er kannte eine Vielzahl von Typen und Formen. So pflegten die Handwerker einen schwarzen Calceus zu tragen, der eine Sohle hatte und dessen Oberteil leicht über den Rist hinausragte. Sie zogen ihn mittels eines Lederlappens an, der sich über den Vorderfuss legte.

Von ihm unterschied sich der Calceus der Patrizier und Senatoren. Nicht nur die Farbe des Leders – im einen Fall rot, im andern schwarz –, sondern auch die Zahl der zur Bindung oberhalb des Knöchels verwendeten Lederriemen – beim Calceus der Patrizier und Senatoren durften es deren vier sein – zeigten an, dass ihre Träger einem besonders angesehenen Stand angehörten. Solche Schuhe trugen nicht nur Männer, sondern auch Frauen, wobei man für das zarte Geschlecht dem weicheren Leder und der lebhafteren Farbe den Vorzug gab und erst noch nicht mit kostbarem Schmuck geizte. Den Männern, die sich in der späten Kaiserzeit einen Spass daraus machten, in allzu farbigen Schuhen aufzutreten, gebot Kaiser Aurelian (270 bis 275) mit einem strengen Gesetz Einhalt; die Frauen gewisser Stände, die ihre Schuhe mit Gold und Edelsteinen zierten, liess er jedoch gnädig gewähren.

Fussfragment eines Standbildes aus Marmor,
Rom, 1. Jahrhundert.

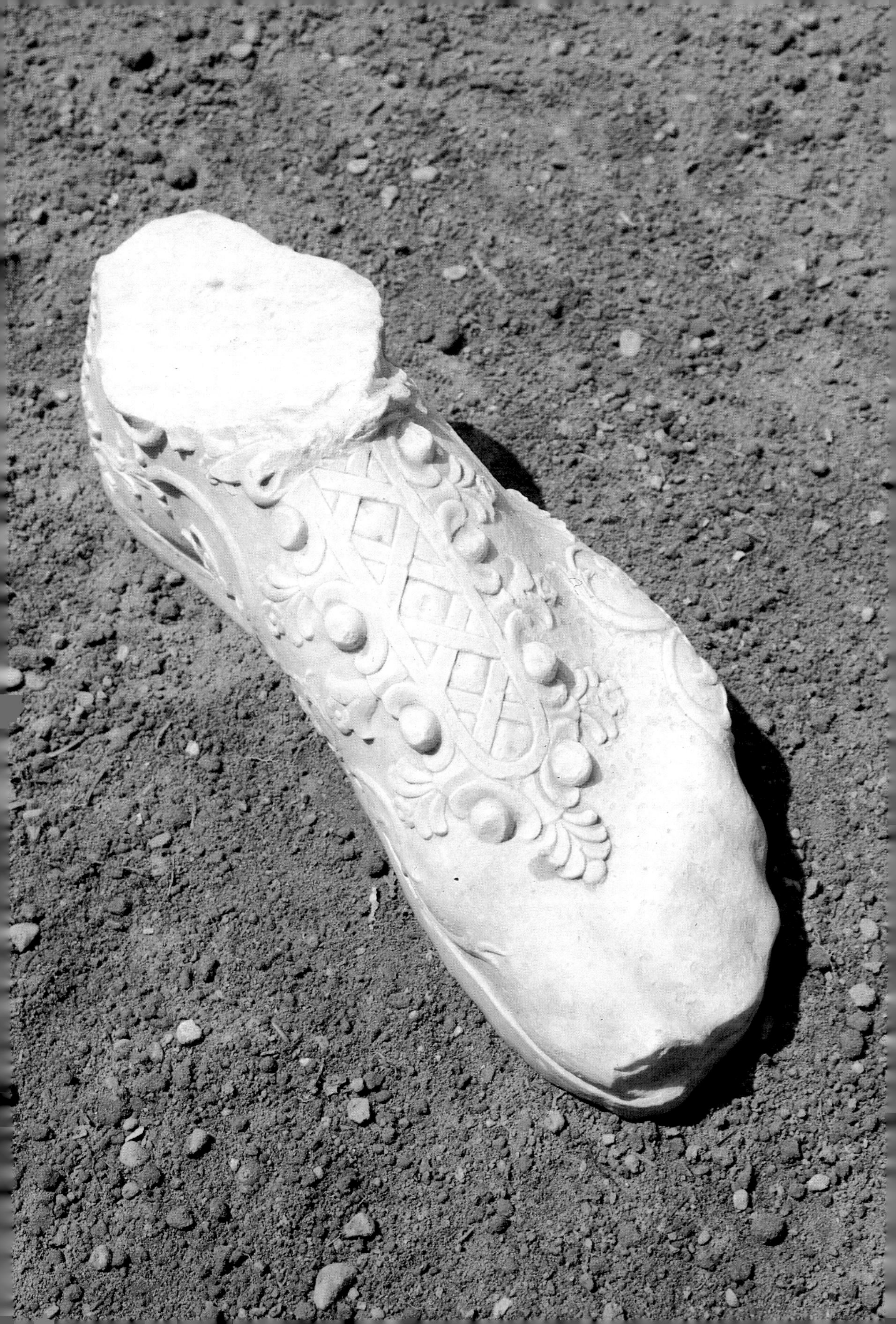

Die römische Sandale als glückbringendes Zeichen

Am Anfang war die *Solea* eine einfache Sohle, die mit schmalen Lederriemen am Fuss befestigt wurde. Gewöhnlich besass sie eine Ledersohle; die Plebejer jedoch mussten sich mit Holzsohlen und erst noch mit einem einzigen Riemenband zu ihrer Befestigung am Fuss begnügen. Die Solea der Plebejer, der gewöhnlichen Leute aus dem Volk, wurde damals als einzige Sandale genannt.

Für einen römischen Bürger galt es als unziemlich, ja unanständig, mit Sandalen (Soleae) in der Öffentlichkeit zu erscheinen. Andererseits war es auch eine Ungehörigkeit, die Schuhe – die Calcei – in einem fremden Haus zu tragen, wenn man zu einem längeren Besuch dort weilte; der häusliche Fussboden hatte genauso seine Gesetze, wie das Pflaster der Strasse. Wer zu einem Festmahl geladen war, befahl seinem Sklaven, die Sandalen in das Haus des Gastgebers zu tragen, damit er sie vor dem Betreten des Speisezimmers anziehen konnte. Wenn er ein armer Schlucker war und keinen Sklaven vorausschicken konnte, blieb ihm nichts anderes übrig, als sich, mit den Sandalen unter dem Arm, auf den Weg zu machen.

Auf den zwei römischen Öllampen kann man lauter Soleae oder Sandalen ausmachen. Dies ist nicht zufällig. Schon die fast ein Jahrtausend zuvor auf der Halbinsel eingewanderten Italiker schienen dem Schuh, wie prähistorische Schuhgefässe und -amulette italischer Herkunft nahelegen, als einem für sie magischen Zeichen die Kraft zuzuschreiben, Götter – insbesondere Gottheiten des Himmels und der Fruchtbarkeit – günstig zu stimmen und darüber hinaus böse Mächte an ihrem zerstörerischen Wirken zu hindern. Den Römern der Kaiserzeit war es vorbehalten, die glückbringende und unheilabwendende Kraft des Schuhes fast ausschliesslich auf die Solea, die Sandale, zu übertragen. Das christliche Zeichen der Taube auf der jüngeren Lampe zeigt überdies an, dass auch die Christen der Katakombenzeit solche symbolhaften Gefässe, natürlich in entsprechender Umdeutung, in ihren Dienst zu nehmen verstanden.

Frührömische Tonlampe in Gestalt eines Fusspaares mit einem Legionsadler als Griffzier (oben).
Römische Hängelampe aus Bronze mit Taube auf dem Deckelchen des Ölbehälters, 1./2. Jahrhundert (unten).

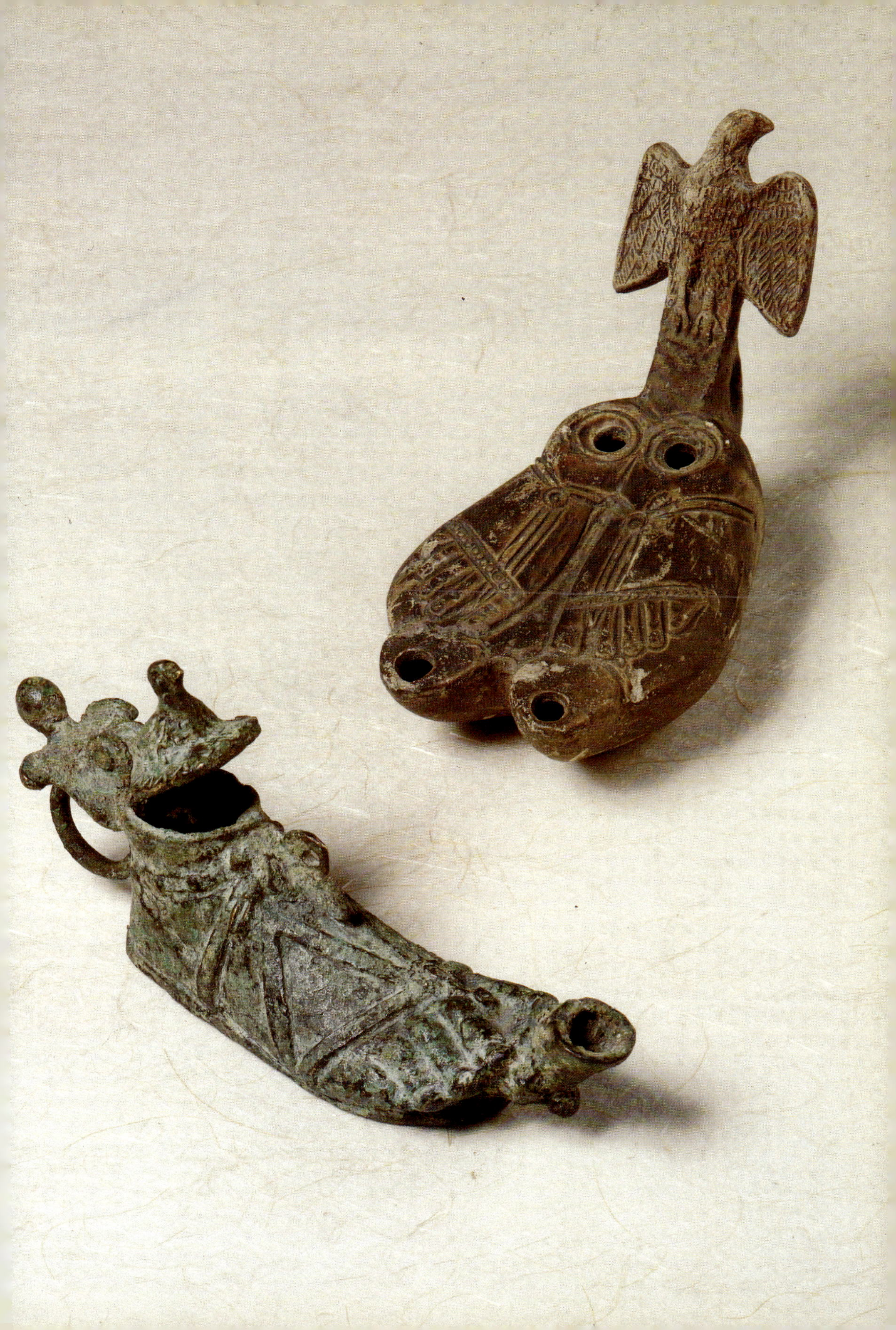

Schmucke Palmblattsandalen der Kopten

Die reiche Schuhkultur des Mittelmeerraumes haben die christlichen Nachkommen der Ägypter, die Kopten, sorgsam gepflegt und weiterentwickelt, wie es zahlreiche Funde aus dem 2. bis 7. Jahrhundert nach Christus im Gräberfeld von Achmim zeigen. Wohl für Menschen mit bescheideneren Ansprüchen waren Sandalen gedacht, bei denen an die Stelle des sonst bevorzugten Leders Materialien wie Schilf, Bast, Papyrus und Palmblattstreifen traten. Was die Sandalenmacher im oberen Niltal aus den vergleichsweise primitiveren Werkstoffen zustande gebracht haben, zeigen diese drei aus Palmblattstreifen und Bast kunstvoll geflochtenen, zum Teil rotschwarz bemalten Sandalen. Nicht nur das Flechtwerk und die Bemalung, sondern auch die spitze Form – sie galt als Zeichen hoher Würde – zeigen an, dass diese Erzeugnisse wohl für eine vornehmere Kundschaft geschaffen wurden. Die Sandalen der frühchristlichen Zeit sind allgemein schmäler geworden. Die breite Sohlenfläche, die älteren ägyptischen Sandalen eigen war, schien hier nicht mehr gefragt zu sein, obwohl sie das Gehen auf sandiger Erdoberfläche sehr erleichtert, das heisst, das Einsinken verhindert hatte. Zur Befestigung am Fuss dienten einfache Ristbänder.

Sandalen aus Palmblattstreifen und Bast, koptisch, Ägypten, 1. bis 3. Jahrhundert nach Christus.

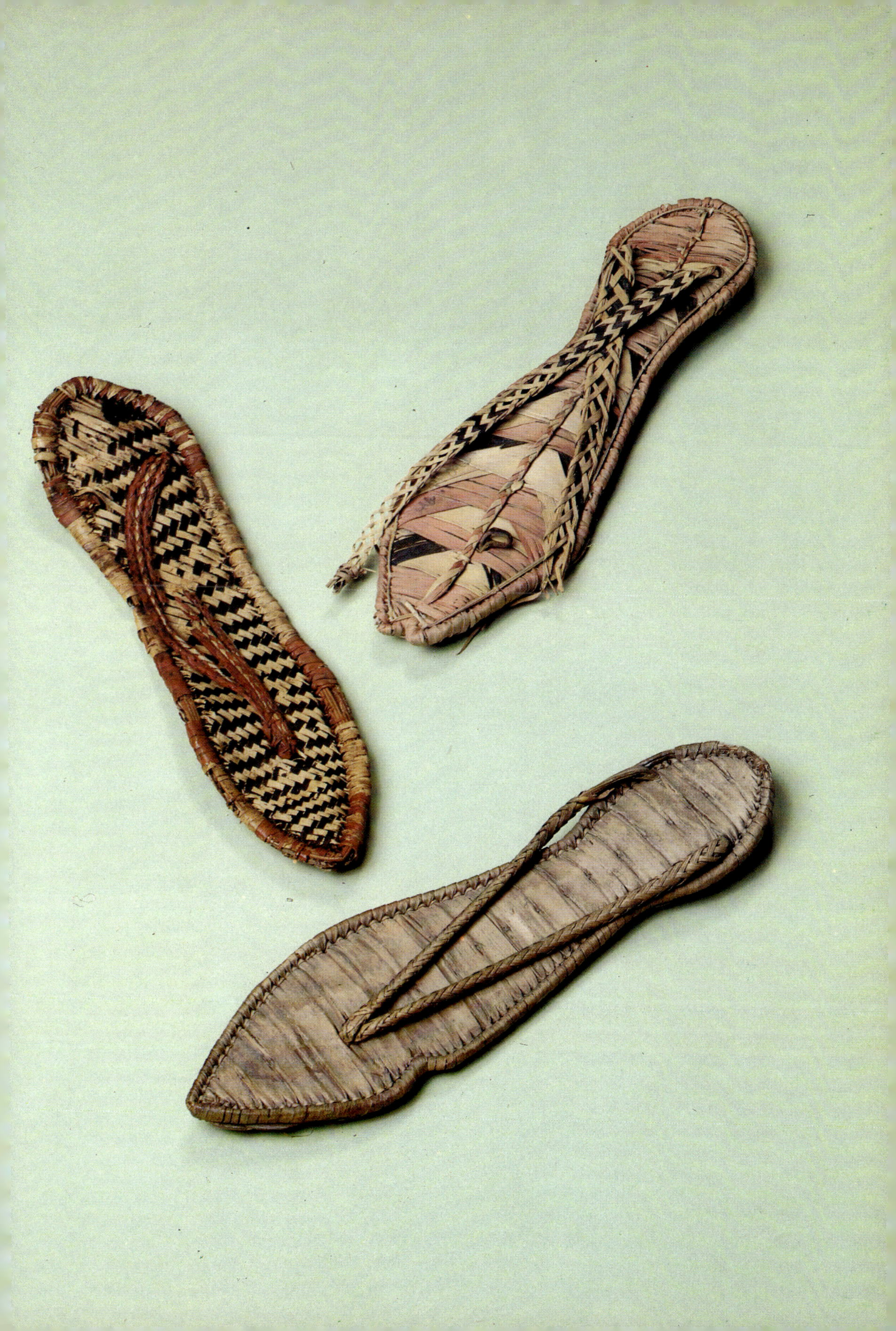

Sandalen aus Künstlerhand

Die drei Sandalen sind alle im Nildelta, in Ägypten beheimatet. Ihre Form und ihre Ornamentik verweisen jedoch deutlich nach Griechenland und Byzanz, welches damals den ganzen östlichen Mittelmeerraum samt Ägypten beherrschte. Das Schuhmacherhandwerk hatte schon im antiken Griechenland in hoher Blüte gestanden; von diesem reichen Erfahrungsschatz haben offensichtlich auch die frühchristlichen Schuhmacher in Alexandrien, im Nildelta und weiter oben im Niltal – etwa in der Umgebung des bekannten Schuhfundortes Achmim – profitiert und dieses kostbare Erbe mit meisterhafter Fertigkeit gepflegt und weiterentwickelt.

Die alten Dekorationsverfahren sind beibehalten und weitere erfunden worden. Die abstrakten geometrischen Muster und die schon im alten Griechenland beliebten Pflanzen- und Tierornamente wurden jetzt durch christliche Zeichen vermehrt. Auf der Silbersandale, Grabbeigabe in einem christlichen Grab, kann man Taube und Fisch als Symbole erkennen. In der älteren Zeit überwiegt noch die farblose Gravierung des Leders; wenn vornehme Pracht zur Entfaltung kommen soll, wird dunkler Purpur gewählt und werden diskrete ornamentale Muster in Gold und Schwarz auf die Sohlenoberfläche aufgetragen. In byzantinischer Zeit kommt bei vornehmen Sandalen grellrotes Purpurleder zum Zuge, dem man mit Stempeln oder Schablonen Goldornamente aufgeprägt hat. In dieser Gruppe nicht vertreten ist die spätantike Spitzsandale, deren Sohlenvorderteil sehr spitz werden konnte und die in den Funden von Achmim (Oberägypten) stark vertreten ist.

Aus der Reihe tanzt hier die Silbersandale, nicht nur wegen ihrer stofflichen Beschaffenheit und ihres merkwürdig geformten Vorderteils, sondern auch wegen ihres Verwendungszwecks. Sie war gedacht als Grabbeigabe für einen Christen. War das Sandalenpaar als unheilwendendes Zeichen im Sinne des alten, vielleicht noch nicht ganz überwundenen heidnischen Brauches dem Toten ins Grab gefolgt, oder war es ausersehen als besonders festliche Fussbekleidung für den Tag der Auferstehung? Schlüssig beantworten lässt sich diese Frage nicht.

Frauensandale aus Purpurleder mit Goldaufdruck, byzantinisch, Ägypten, 5./6. Jahrhundert (oben).
Silberne Sandale, Grabbeigabe, byzantinisch, Ägypten, 6. Jahrhundert (links).
Frauensandale aus schwarzem Leder mit Pressornamenten und griechischer Inschrift auf vergoldetem Band, Alexandrien (Ägypten), 4./5. Jahrhundert (rechts).

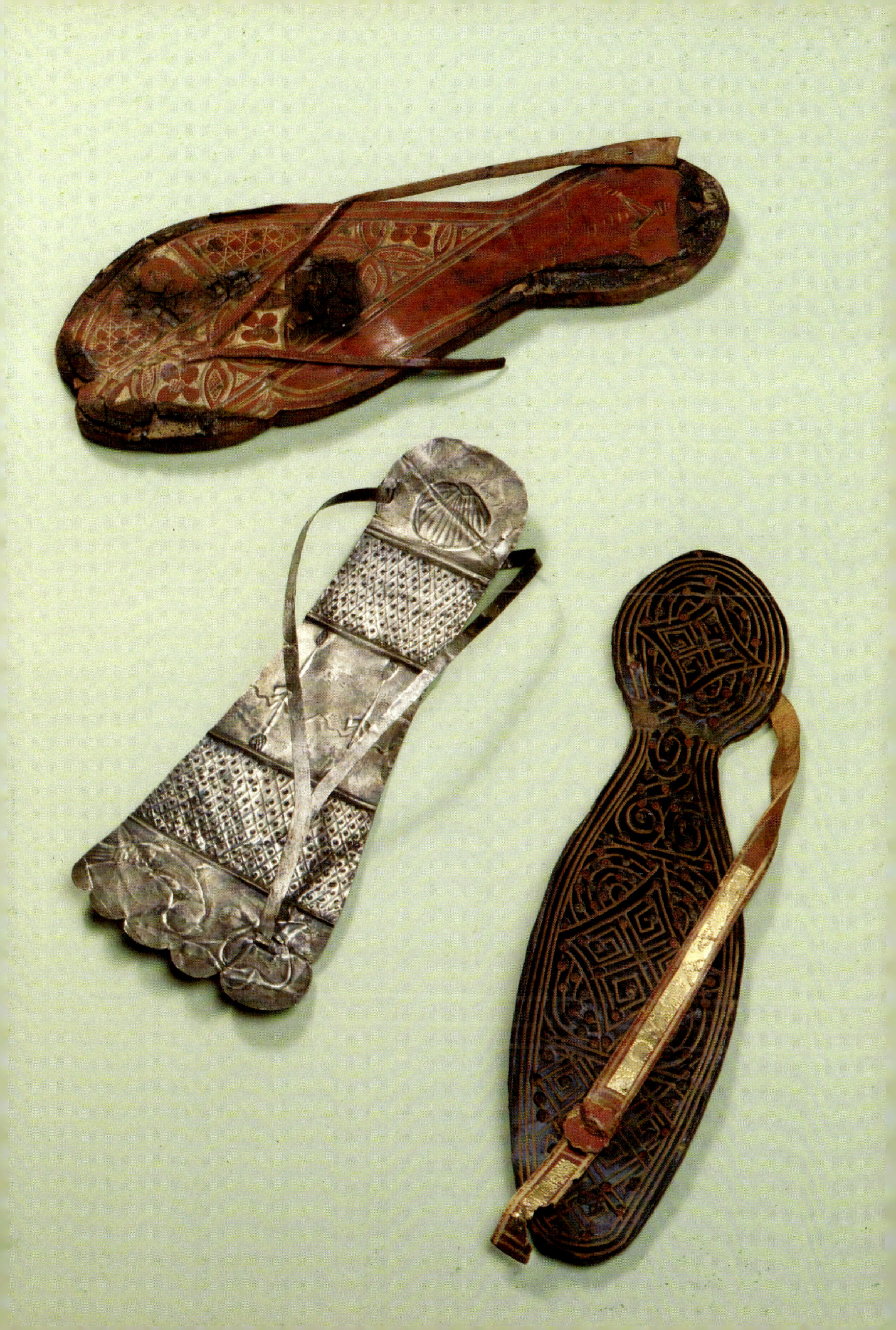

Purpur und Gold für ganz erlesene Kundschaft

Die Vorläufer dieser inzwischen klassisch gewordenen Schuhtypen zu finden, ist nicht so leicht. Natürlich findet man schon bei den Römern einen Schuhtyp, der niedrig, weich und leicht ist. Sie nennen ihn *Soccus* – in der noch leichteren Ausgabe *Socculus* – und bezeichnen damit einen aus feinem Ziegenleder oder aus Woll- oder Leinenstoff gefertigten niedrigen Schuh, der ausschliesslich von Frauen und zudem nur im Hause getragen wird. Es galt jedenfalls als unschicklich, sich in solchen Schuhen auf der Strasse zu zeigen; einzig den kleinen Leuten und Kurtisanen verzieh man eine solche Ungehörigkeit. Schuhe dieser Art, vor allem wenn sie hübsch bestickt und von purpurner Farbe waren, schienen so viel berückende Weiblichkeit auszustrahlen, dass Fetischisten sich abgöttisch in sie verlieben konnten. Der römische Senator Lucius Vitellius, so weiss Sueton zu berichten, trug den schmucken rechten Schuh seiner Angebeteten unter seiner Tunika und pflegte ihn von Zeit zu Zeit in aller Öffentlichkeit zu küssen.

Dieser Schuh, der nicht nur leichtgewichtig, sondern auch leicht anzulegen ist, scheint noch einen anderen Vorfahren gehabt zu haben: Es ist der römische *Mulleus*, eigentlich ein halbstiefelartiger Schuh, der aber auch eine Abwandlung zum pantoffelartigen Schuh hin gekannt hat. Zur Zeit der römischen Republik durften ihn hohe Magistratspersonen tragen, wenn sie besonderen Feierlichkeiten beiwohnten. Der Mulleus verdankt seinen Namen, wenn man Plinius dem Jüngeren (62 bis 113) Glauben schenken darf, einer Schnecke, deren Drüsen eine Flüssigkeit absonderten, aus der man die Purpurfarbe herstellte. Charakteristisch für den Mulleus wäre demnach gewesen, dass dieser vornehme Schuh stets aus Purpurleder gefertigt war.

Der Purpurschuh der Byzantiner galt als Zeichen hoher Würde. Es scheint, dass er anfänglich nur dem König und seiner nächsten Umgebung vorbehalten war. Es ist nicht bekannt, wem unsere goldverzierten Purpurschuhe zugedacht waren; ihre Trägerinnen müssen aber jedenfalls sehr hohen Standes gewesen sein.

Frauenschuh aus Purpurleder, blattgoldverziert,
Ägypten, 5./6. Jahrhundert.
Frauenpantoffel aus schwarzem Leder mit Goldornament, koptisch,
Achmim (Oberägypten), 6. Jahrhundert.
Frauenschuh aus Purpurleder, Ägypten, 5./6. Jahrhundert.
Spätantiker Wollclavus aus Achmim mit symbolischem Sandalenpaar,
4./5. Jahrhundert (Hintergrund).

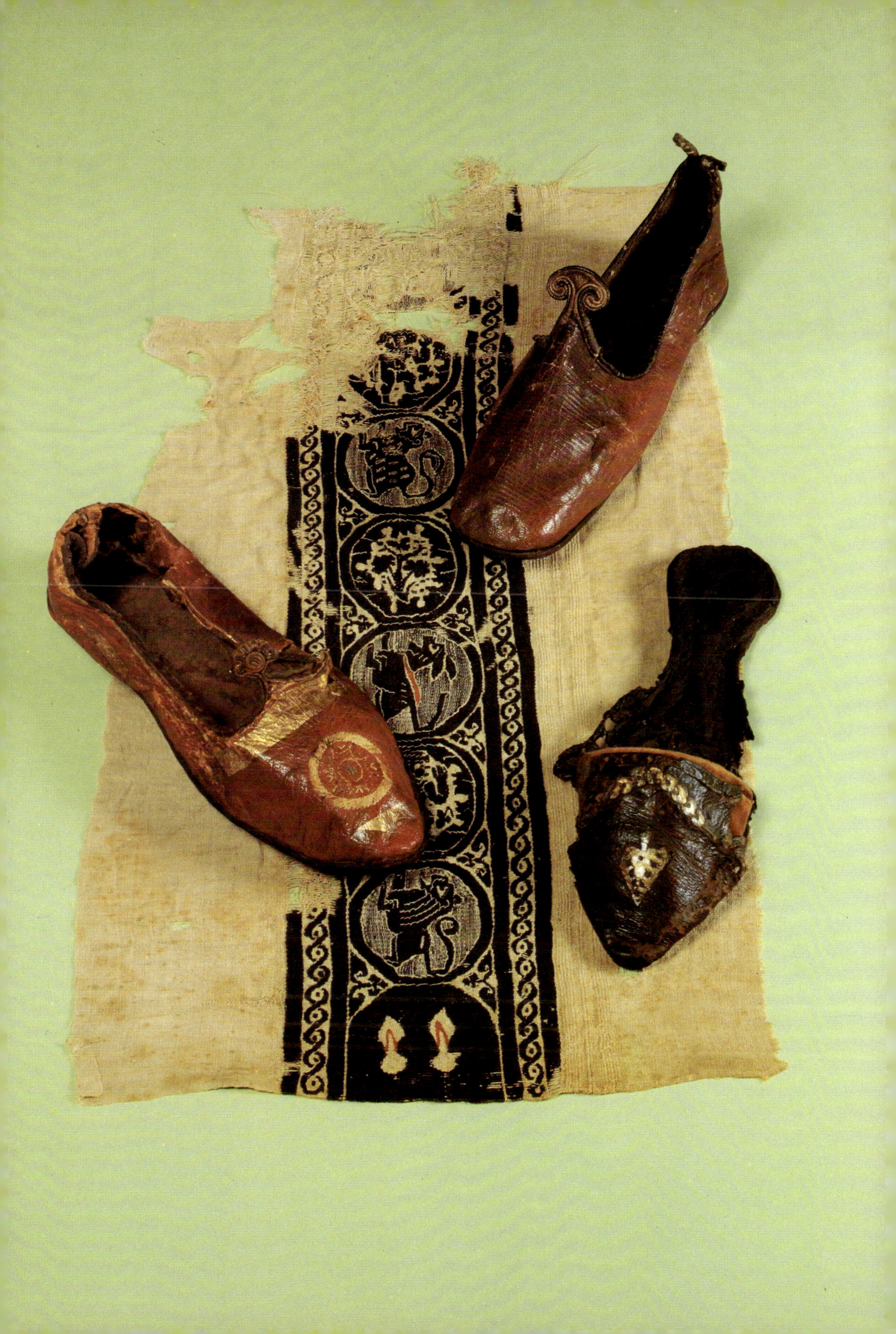

Von der Holzsandale zum Stelzschuh

Der Holzsandale sind wir schon in Etrurien – im 6. Jahrhundert vor Christus – begegnet; ihr besonderer Zweck war es, die Trägerin beziehungsweise den Träger mittels der dicken Sohle vom Erdboden abzuheben, ihre Füsse so vor dem Schmutz und Staub der Strassen zu schützen und ihre Gestalt gleichzeitig grösser erscheinen zu lassen. Als hochsohlige Fussbekleidung gemahnt sie an den berühmten *griechischen Kothurn,* den hohen Schuh der Tragöden des altgriechischen Theaters, der den Darsteller über das Menschenmass hinausheben und zu einer erhabenen Götter- oder Heldengestalt stempeln sollte.

Über die Entstehung des dicksohligen Kothurns im alten Griechenland weiss eine wohl später entstandene *Legende* recht amüsante Einzelheiten zu berichten: Die Männer berieten sich einst, wie sie wohl ihren Frauen das immerwährende Herumlaufen in den Strassen abgewöhnen könnten. Da gab ein alter Schlaumeier den Rat, man solle ihre Schuhe mit sehr schweren und dikken Sohlen beladen, so dass sie dieselben kaum zu schleppen vermöchten. Der Rat gefiel den Männern, und auch die Frauen gingen darauf ein. Sie wussten aber durch List die Absicht ihrer Männer vollkommen zu durchkreuzen. Aus dem Walde holten sie Stücke von Korkeiche und legten sie unter die Schuhsohlen. So entstand der Stelzschuh oder, wie der Grieche sagte, der Kothurn.

Aus der Holzsandale mit dicker Sohle entwickelte sich mit der Zeit die *Trippe,* eine hölzerne Sandale, die dem Schuh untergebunden wurde und ihn – vor allem die feineren Damenpantoffeln – vor Beschmutzung schützen musste und ausserdem Personen von Stand über das niedrige Volk erheben sollte. Um das Gewicht des hohen Holzklotzes herabzusetzen und die Form dieses Schuhes zugleich eleganter zu gestalten, schnitten die Trippenmacher alle überflüssigen Holzteile heraus oder versahen die Holzsohle auch bloss mit Stegen aus dem gleichen Material. Seitlich befestigte Lederriemen – ein einziger breiter oder mehrere schmale – dienten zum Festbinden am Fuss oder zum «Einschlüpfen».

Die Stege der Trippen werden in den folgenden Jahrhunderten unablässig in die Höhe wachsen und den Frauen in den Ländern des östlichen Mittelmeeres schliesslich einen gefährlich hohen Stelzschuh, den Kapkap, bescheren. Bescheidenere Nachfahren der spätantiken und frühmittelalterlichen Trippen werden die Zoccoli sein, mit denen Tessiner Frauen und Kinder noch vor wenigen Jahrzehnten den Pflastersteinen ihrer Dorfsträsschen lustige Klappertöne entlockt haben.

Holzsandalen mit Stegen, Ägypten, arabisch-islamisch, 6./7. Jahrhundert (oben und links), koptisch, 4. Jahrhundert (rechts).

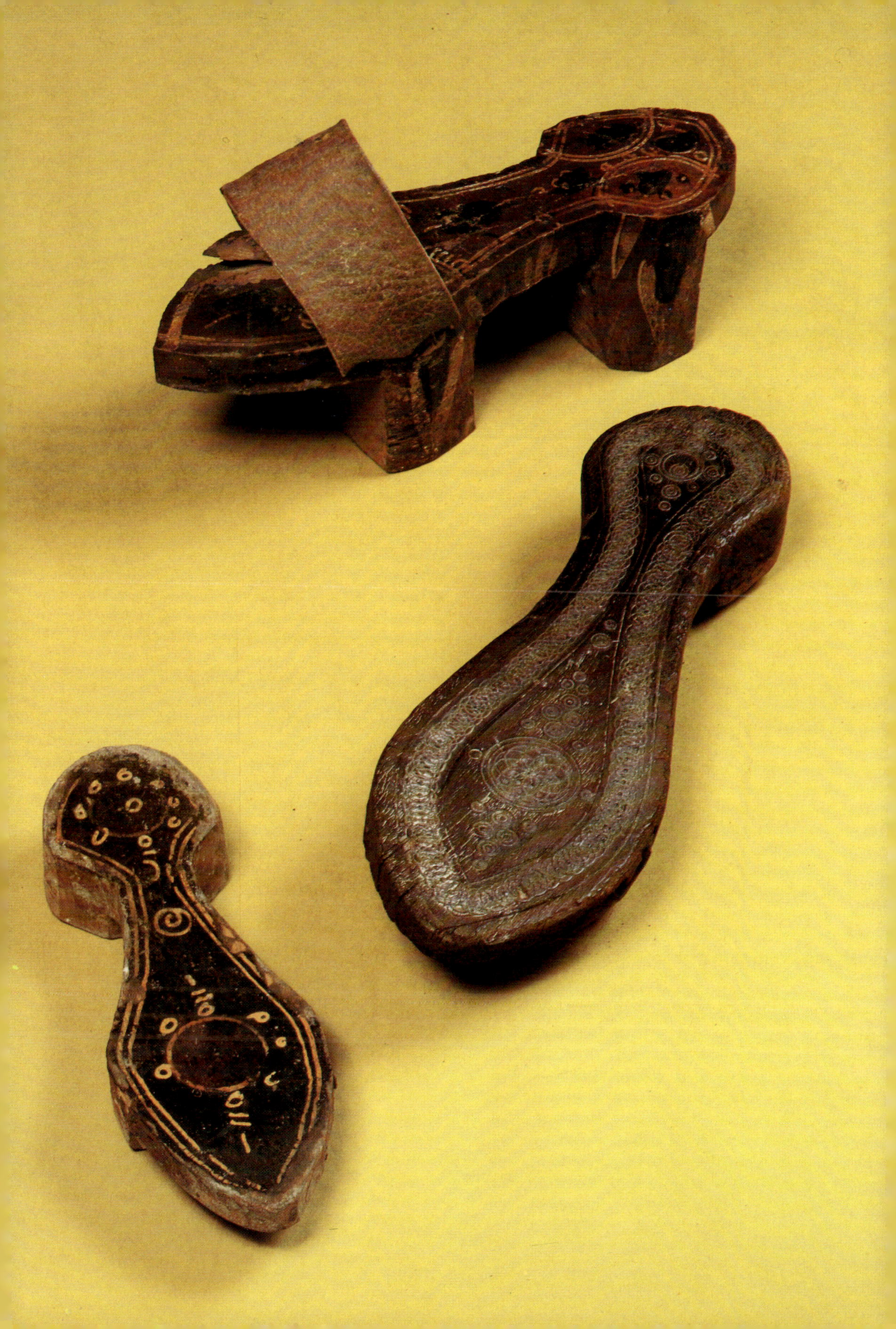

Die Sandale – dominierender Schuhtyp Afrikas

Auf einem Gräberfeld nahe der altägyptischen Stadt Theben, auf dem afrikanischen Kontinent also, hat man in neuerer Zeit Sandalen zutage gefördert, die vor mehr als dreitausend Jahren aus Palmblattstreifen geflochten worden sind. Auf dem gleichen Kontinent sind die Sandalen bis in die neuere und neueste Zeit der dominierende Schuhtyp geblieben. In Gebieten, in denen sich eine höhere Zivilisation entwickelte und sich soziale Unterschiede herausbildeten, haben sich inzwischen auch andere Fussbekleidungsformen eingebürgert. Eigentliche Schuhmacher traten auf und stellten für vornehme Kundschaft schmucke Pantoffeln, Schuhe und Stiefel her.

Nicht immer und überall haben afrikanische Sandalen in Form und Ausstattung die Perfektion erreicht, wie sie in den ausgesuchten Nails aus Mauretanien zum Vorschein kommt. In Gebieten niedriger Zivilisationsstufe sahen sie sehr viel einfacher aus. Zumeist handelte es sich um blosse Sohlenstücke, die aus roher Tierhaut geschnitten und mit einer einfachen Dreiecksbindung am Fuss befestigt wurden. Diese primitiven Arten waren bei Völkern verbreitet, die in sandigen und steinigen Gegenden wohnten. Sie dienten als Schutz gegen den heissen Sandboden. Um das Einsinken im Sand zu verhindern, wurden die Sohlenstücke – vor allem bei Männersandalen – um einige Zentimeter breiter geschnitten, als die Fussohle des Sandalenträgers mass.

Die Feinledertechnik, die Handwerker der arabisch-berberischen Bevölkerungsmehrheit von Mauretanien noch bis in die Mitte unseres Jahrhunderts meisterlich anzuwenden verstanden, ist in der nordwestlichen Ecke Afrikas schon seit Jahrhunderten, wenn nicht Jahrtausenden zu Hause. Sie verweist jedoch hinsichtlich Ziertechnik und Ornamentik – stilisierte Blumen und Blätter, abstrakte geometrische Muster usw. – auf Einflüsse, die sicher orientalischen, vielleicht sogar asiatischen Ursprungs sind. Bevorzugt wurden weiche Häute von Schaf und Ziege, die, zu Leder gegerbt, rot, gelb, schwarz oder in der mohammedanischen Ritualfarbe Grün gefärbt wurden. Als Ziertechniken kamen das Einpunzen oder Einschneiden von Ornamenten, das Besticken mit schmalen Lederstreifen, das Bemalen, Aufnähen oder Aufkleben mit andersfarbigen Lederstücken besonders häufig zum Zuge.

Sowohl die Feinlederarbeiter von Qualata, einer Wüstenoase im Südosten Mauretaniens, denen wir die hübsch verzierten Damen- und Töchtersandalen verdanken, als auch der Sandalenmacher aus Méderdra, einer Stadt im fruchtbareren Südwesten des Landes, der die diskret geschmückte Herrensandale geschaffen hat, dürfen sich als würdige Erben der alten Lederhandwerkskunst betrachten.

Sandalen, «Nails», aus Mauretanien (Nordwestafrika), 1950.

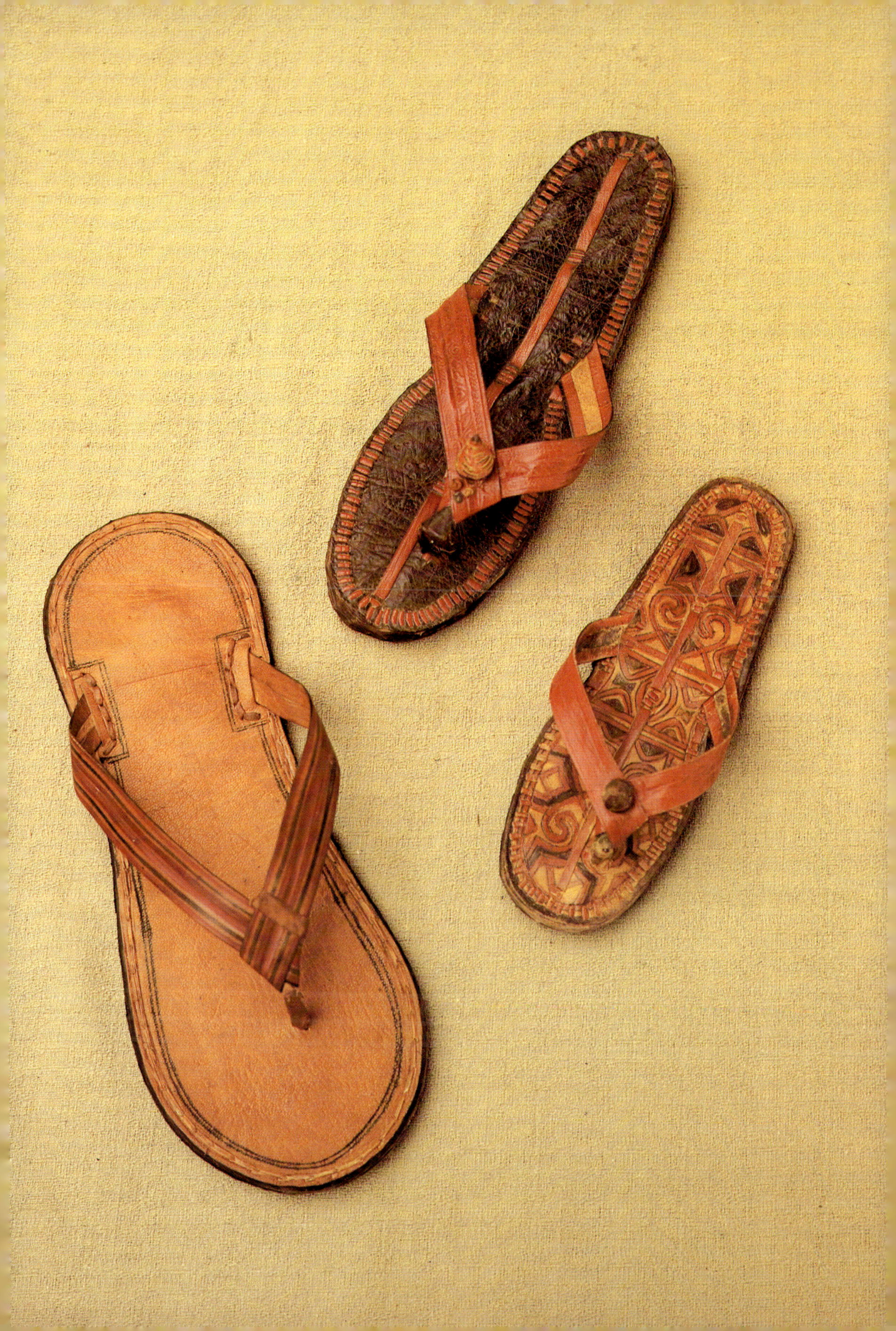

Die Sandale – Fussbekleidung der Urbevölkerung Mittel- und Südamerikas

Die Urbevölkerung Mittel- und Südamerikas trug Sandalen, während die Indianer Nordamerikas ihre Füsse mit Mokassins bekleideten, mit Schuhen, die aus weichen Hirschlederstücken gefertigt wurden, den ganzen Fuss umhüllten und oben vernäht waren. Die amerikanische Sandale verfügte über eine Dreiecksbindung oder eine Befestigung, bei der seitlich neben dem Fussballen und der Ferse Riemen festgemacht waren, die über dem Fussrücken durch eine Lasche vereint wurden. Über Kreuzbindungen verfügen die Sandalen, mit denen die zwei abgebildeten Fussfragmente altmexikanischer Herkunft ausgestattet sind. Von den Sandalen der Inkas weiss man, dass sie meist aus ungegerbten Lamahäuten, gelegentlich auch aus geflochtenen Fasern hergestellt wurden. Beide Sandalentypen, der eine aus roher Haut, der andere aus getrocknetem Gras und Blattstreifen, sind in der Sammlung Felsgarten vertreten.

Besonderes Interesse weckt das fussförmige Grabgefäss aus dem Peru der Inkazeit. Es ist aus schwarzem Ton geformt und als Keramik dem Chimu, der Kultur eines indianischen Reiches zuzuordnen, das an der nordperuanischen Küste gelegen ist und 1460 von den Inkas erobert wurde. Ganz in geheimnisvolles Dunkel gehüllt ist der eigentliche Zweck dieses Gefässes. Darf man vielleicht vermuten, dass es den berühmten Zaubertrank, das Chicha-Bier oder das Koka, aufnehmen musste, von dessen Genuss man sich Wunderdinge versprach und das bei zahlreichen Zauber- und Weissagungsriten sowie im Totenkult eine gewichtige Rolle zu spielen hatte? Die Fussform des Gefässes verleitet einen jedenfalls dazu, auch hinter diesem zeichenhaften Schuh – wie schon in Persien – etwas Magisches zu suchen.

Grabgefäss in Schuhform aus schwarzem Ton, Inka, Peru, 15. Jahrhundert (oben).
Fussfragmente von Statuen, Mexiko, 12. Jahrhundert (links), toltekisch, 8. Jahrhundert (unten).

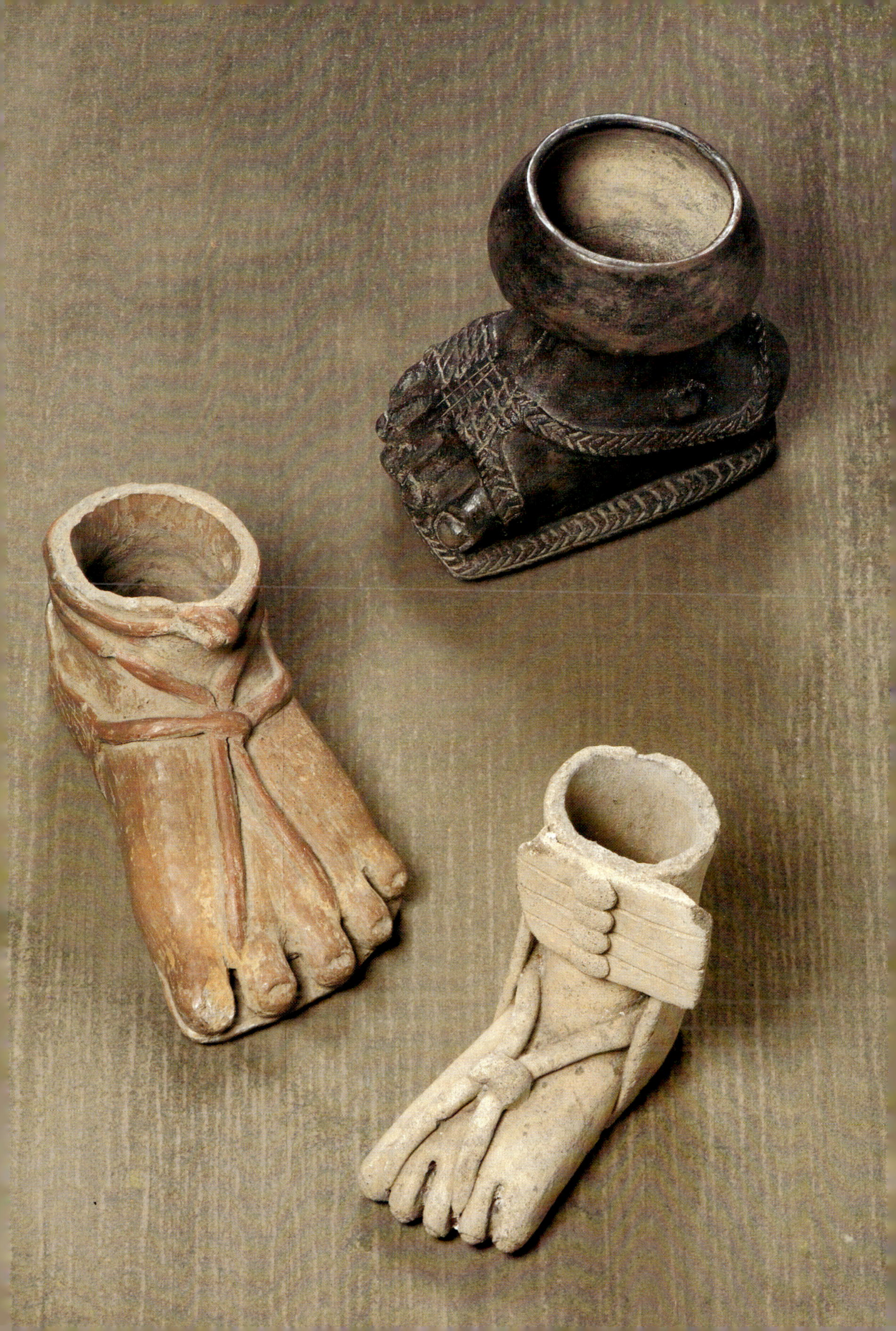

Der Bischofsschuh des Stephen Langton

Ein ganz eigenes Kapitel in der Geschichte der Fussbekleidung darf der kirchliche oder liturgische Schuh für sich in Anspruch nehmen. Gewisse Gewänder und Bekleidungsstücke, die in römischer Zeit und bis hinein ins 6. Jahrhundert bei Laien gebräuchlich waren und offenbar auch von Priestern bei gottesdienstlichen Handlungen getragen wurden, nahmen allmählich religiösen Charakter an und erhielten symbolhafte Bedeutung. Als sich dann im christianisierten Abendland die verschiedenen Volksschichten, zuletzt die ganz Vornehmen, anschickten, Elemente fremder, vor allem östlicher und nördlicher Bekleidungsstile zu übernehmen, reagierte die römische Kirche in überaus beharrendem Sinne. In Vorschriften, die im 8. und 9. Jahrhundert erlassen wurden, gebot sie, dass sich kirchliche Würdenträger «römisch» zu beschuhen hätten. Die nicht überaus zahlreichen Schuhfunde aus dieser Zeit, dazu aber die ergiebigeren Quellen textlicher und bildlicher Art vermögen jedenfalls zu beweisen, dass die römischen Anordnungen weitherum befolgt wurden.

Ob es sich um Schuhe handelte, die den ganzen Fuss umhüllten oder Teile von ihm – etwa die Zehen, die Seiten oder die Fersen – freiliessen und sich durch Nesteln über dem Rist binden oder wie beim römischen Schuh zusätzlich um den Unterschenkel wickeln liessen, ob es sich um Pantoffeln handelte, die aus feinem, weichem Leder gefertigt waren, hinsichtlich Schmuck und Ausführung verrieten sie stets ihre sehr noble römische Herkunft. Schuhe dieser Art galten offensichtlich als Zeichen hoher Würde, mit denen man aber nicht so sehr die Person des Trägers, sondern die durch ihn im gottesdienstlichen Geschehen vertretene gottmenschliche Person Christi ausgezeichnet sehen wollte.

Vom 10. Jahrhundert an war bei den kirchlichen Würdenträgern die Versuchung gross, vom römischen Vorbild mehr und mehr abzuweichen und auch der Kirche bisher fremde Schuhtypen zu übernehmen. Der schottische Erzbischof Stephen Langton, ein sehr eigenwilliger und doch kleinfüssiger Kirchenfürst des späten 12. Jahrhunderts (Schuhnummer 34), hat sich jedenfalls für eine niedrige Bottine entschieden, deren Oberleder sich eng an den Fuss anschmiegt. Der Schuh, den er ausgewählt hat, folgt in Form und Aussehen mehr fränkisch-germanischen als römischen Vorbildern. Bemerkenswert ist, dass dieser bischöfliche Schuh vollständig aus Pergament hergestellt ist und mit erstaunlich bescheidenem Dekor auskommt.

Bottinen aus Pergament, getragen von Stephen Langton, Erzbischof in Schottland, datiert 1199.

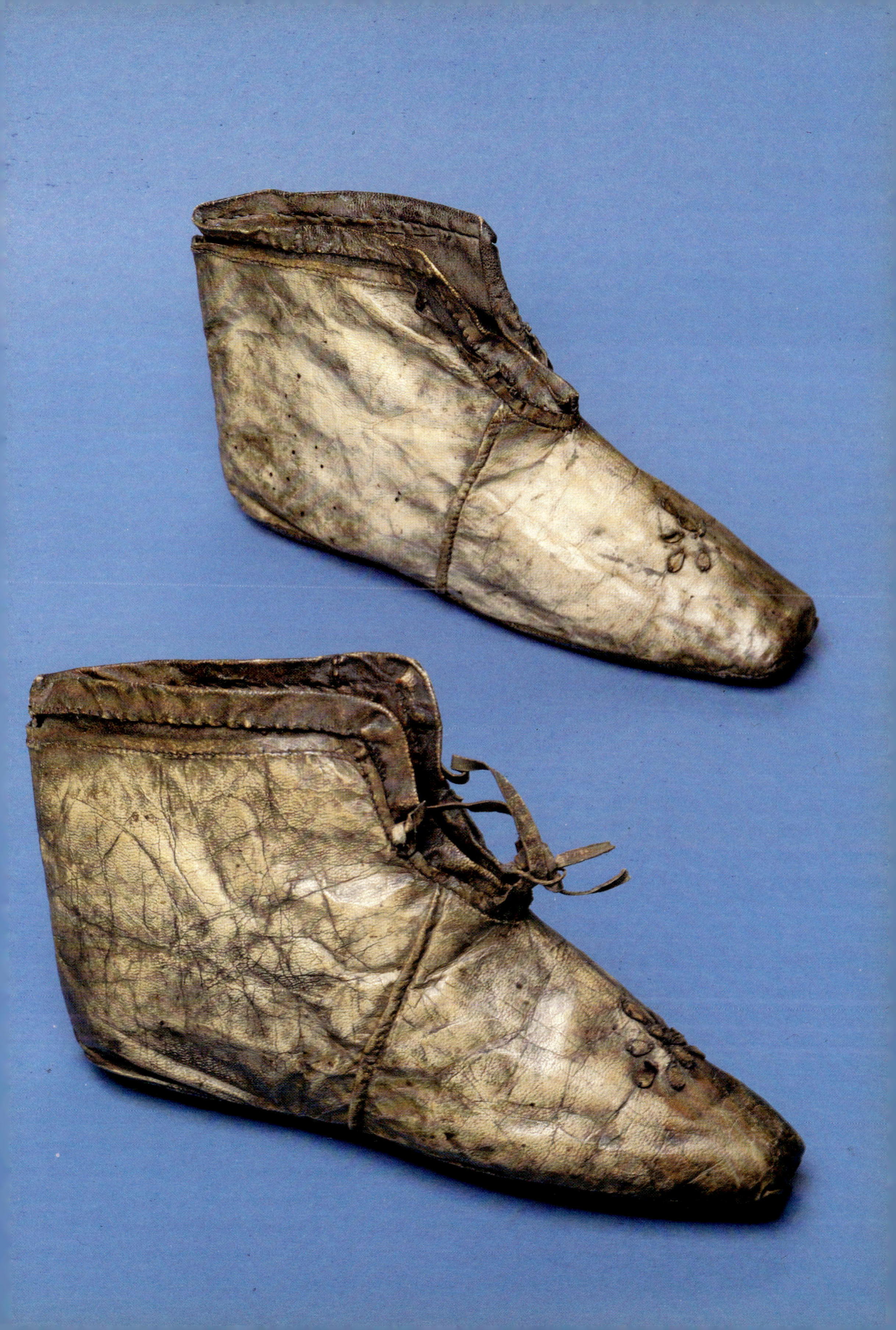

Eine Idee aus dem Orient – der Schnabelschuh

Auf das Erscheinen des langschnabligen Schuhs war man im Europa des 14. und 15. Jahrhunderts – vor allem an den Fürstenhöfen und auf den Ritterburgen – bereits gefasst. Seit spätestens dem 6. Jahrhundert kannte man einen Spitzschuh – Kaiser Justinian und Kaiserin Theodora tragen solche auf dem berühmt gewordenen Mosaik von San Vitale in Ravenna –, und auch in den nächsten Jahrhunderten verschwand er nie ganz von der Bildfläche; er scheint ein Kennzeichen höfischer und ritterlicher Eleganz gewesen zu sein. Handwerker und Bauern tragen demgegenüber eher plump aussehende, halbstiefelartige Bundschuhe.

Im 13. Jahrhundert wird der Spitzschuh zwar ausgeprägt länger, aber eine Schnabelspitze ist noch nicht auszumachen. Doch ein Jahrhundert später ändert sich das Bild: Die Schuhspitze verlängert sich abnormal und nimmt die Gestalt eines Storchenschnabels an. Er wird mit der Zeit so lang, dass er, um den Gang überhaupt noch zu ermöglichen und zugleich die kostbare Spitze dem Strassenschmutz zu entziehen, halbmondartig aufwärts gebogen oder die Spitze mit Schnüren oder Kettchen an der Ristlasche oder über der Wade befestigt werden muss. Die Vermutung liegt nahe, dass bei diesem spektakulären Übergang vom spitzen zum abnormalen schnabligen Schuh nicht nur eine plötzliche Laune einflussreicher Modenarren im Spiele gewesen ist, sondern dass entscheidende Anstösse noch von woandersher gekommen sein müssen.

Man wird sich daran erinnern, dass schon die vor mehr als 3000 Jahren entstandenen oberägyptischen Palmblattsandalen markante Schnäbel hatten und als solche östlichen, das heisst hethitischen Einfluss verrieten. Bekannt ist, dass dieser Schuhtyp sich allmählich über Indien und Persien bis in den Nahen Osten ausgebreitet hat. Der Schnabelschuh darf darum zu jenen Kulturgütern gerechnet werden, die durch die Kreuzritter (Ende des 11. bis Ende des 13. Jahrhunderts) aus der Türkei und dem Heiligen Land nach Europa gebracht worden sind. Auf dem gleichen Weg ist vermutlich auch die Idee ins Abendland gelangt, dem Schnabelschuh eine hölzerne *Trippe* unterzusetzen, deren wichtigste Aufgabe es war, den Schuh vor ärgstem Schmutz zu schützen und den Träger – wohl zur Freude des anderen Geschlechts – grösser zu machen. Seine Blüte erlebte der Schnabelschuh im 14. und 15. Jahrhundert, besonders am burgundischen Hof.

Zunächst war der Schnabelschuh nur dem Adel vorbehalten, wurde dann aber auch von Patriziern, reichen Bürgern und gewöhnlichen Leuten getragen, so dass die Obrigkeit regelnd eingreifen musste. Sie bemass die Längen, die den einzelnen Ständen zukommen sollten. Gegen Ende des 15. Jahrhunderts war es um ihn geschehen; eine neue Modetorheit forderte ihr Recht und machte dem Schnabel am Schuh den Garaus.

Schnabelschuh gotischer Art aus Leder, seitlich geschnürt, mit Originalleisten, Schloss Issogne (Norditalien), um 1420. Hölzerner Untersatz für einen Schnabelschuh oder Trippe, Frankreich, 15. Jahrhundert.

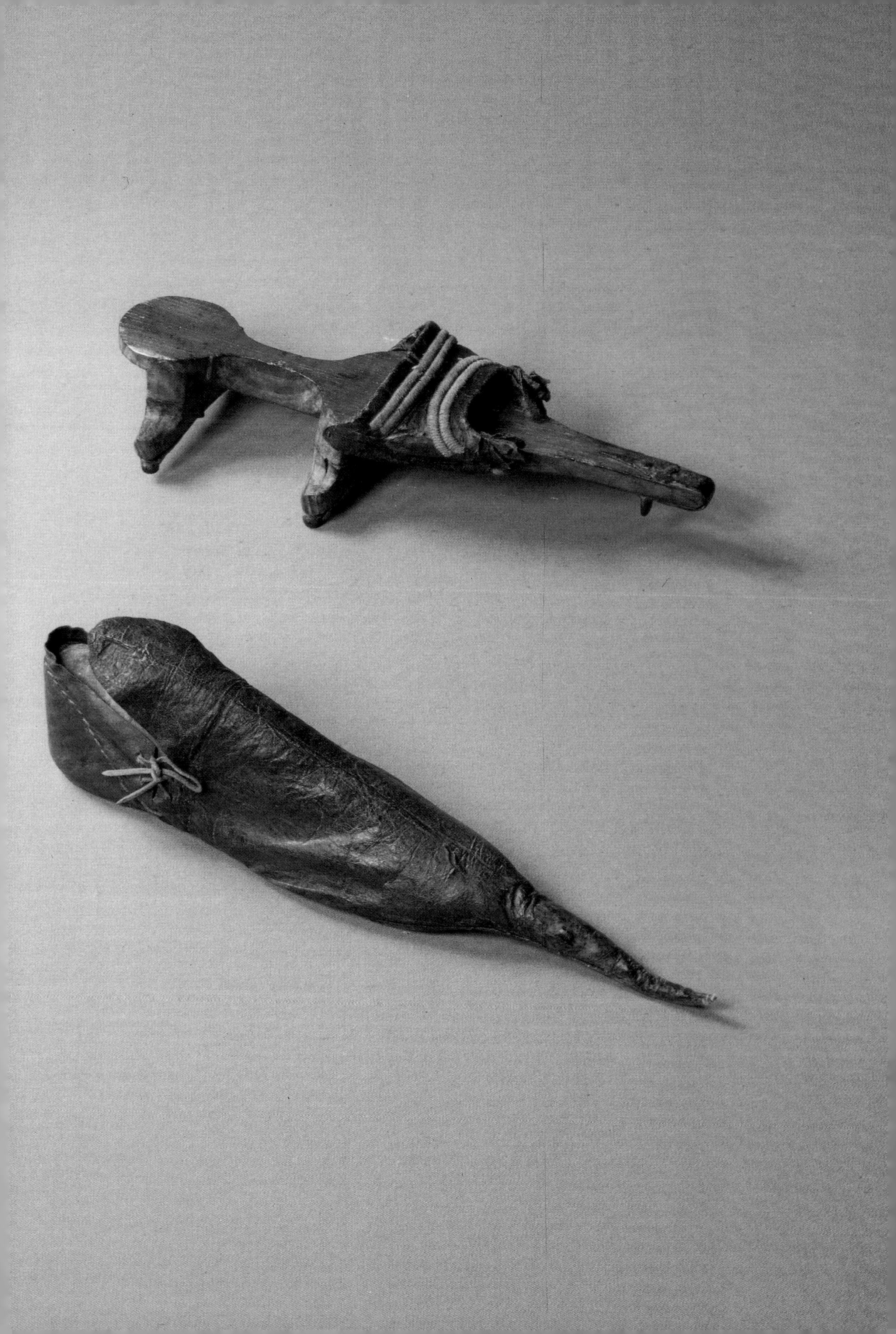

Trinken aus dem Schnabelschuh

Zu den wertvollsten und eigenartigsten Stücken der Schönenwerder Sammlung gehören die zu Schnabelschuhen geformten spätgotischen Trinkgefässe. Die Frage drängt sich auf: Warum und wozu?

Blendet man in die Zeit der Spätgotik (Ende des 15. Jahrhunderts) zurück, so wird man sich nicht wundern, dass Schuhmacherzünfte, denen vielerorts der Schuh als Zunftemblem diente, Ehrengeschirre in Form von Schuhen besassen. Diese Geschirre konnten aus Leder oder Zinn sein, des öftern auch aus dem edleren Silber gearbeitet, ja sogar vergoldet sein. In der Zunftstube wurde es innerhalb der Tafelrunde herumgereicht. Bei besonderen Anlässen, wie bei Aufnahmen in das Zunftrecht, bei der Ledig- oder Meistersprechung, wurde daraus getrunken. Der Berufsstolz des Schuhmachermeisters, seine Freude an frohen Festlichkeiten und sein schalkhafter Humor haben sich in diesen Gefässen ein kleines Denkmal geschaffen.

Verschiedene Einzelheiten, die man nicht nur bei den spätgotischen, sondern auch bei den viel älteren und den jüngeren Trinkschuhen beobachten kann, machen einen stutzig. So ist es unter anderem sehr auffällig, dass die meisten gotischen Trinkschuhe in Grösse und Form Frauenschuhe imitieren. Vom einen oder andern ist sogar bekannt, dass der Schuh erst nach dem Tod der Frau, die ihn einst getragen hatte, zum Trinkbecher umgestaltet worden ist.

Überraschend ist auch der Wortlaut einer Inschrift, die auf dem breiten, silbervergoldeten Reifen der Mündung eines Trinkgefässes eingraviert ist: «Ne veult aultre» ist da zu lesen, zu deutsch: «Ich will keine andere.» Merkwürdig ist ausserdem die Tatsache, dass man für diese Gefässe der Spätgotik die reichlich ausgefallene und moralisch verpönte Form des Schnabelschuhes wählte und dabei die ihm zugeeignete Fruchtbarkeitssymbolik sehr wohl kannte. Dies alles legt die Vermutung nahe, dass der Schuh als Trinkgefäss auch seine besondere Bedeutung im Liebesleben der Menschen von damals hatte. Wie es scheint, hatte er gerade in der Gotik auch seinen besonderen Platz im Minnedienst, im Liebesleben höfischer Kreise. Er wurde zum Liebes- und Freundschaftssymbol, so dass ein Edelmann mit dem Trinken aus dem Schuh seiner Geliebten die Gefühle der innigen und ewigen Treue beteuern konnte. «Ich will keine andere» ziert darum wohl auch einen Becher, der als Brautgeschenk anlässlich des Heiratsantrages eines Edelmannes zu dienen hatte.

Trinkgefässe in Form von gotischen Schnabelschuhen:
Deutschland oder Österreich, 1574, zuletzt im Kloster Göttweig (Niederösterreich) aufbewahrt (oben).
Herkunft nicht genau bekannt, spätes 15. Jahrhundert, Leder, Silber vergoldet (Mitte).
Schwarzer Schiefer, Silber vergoldet, französisch, um 1480 (unten).

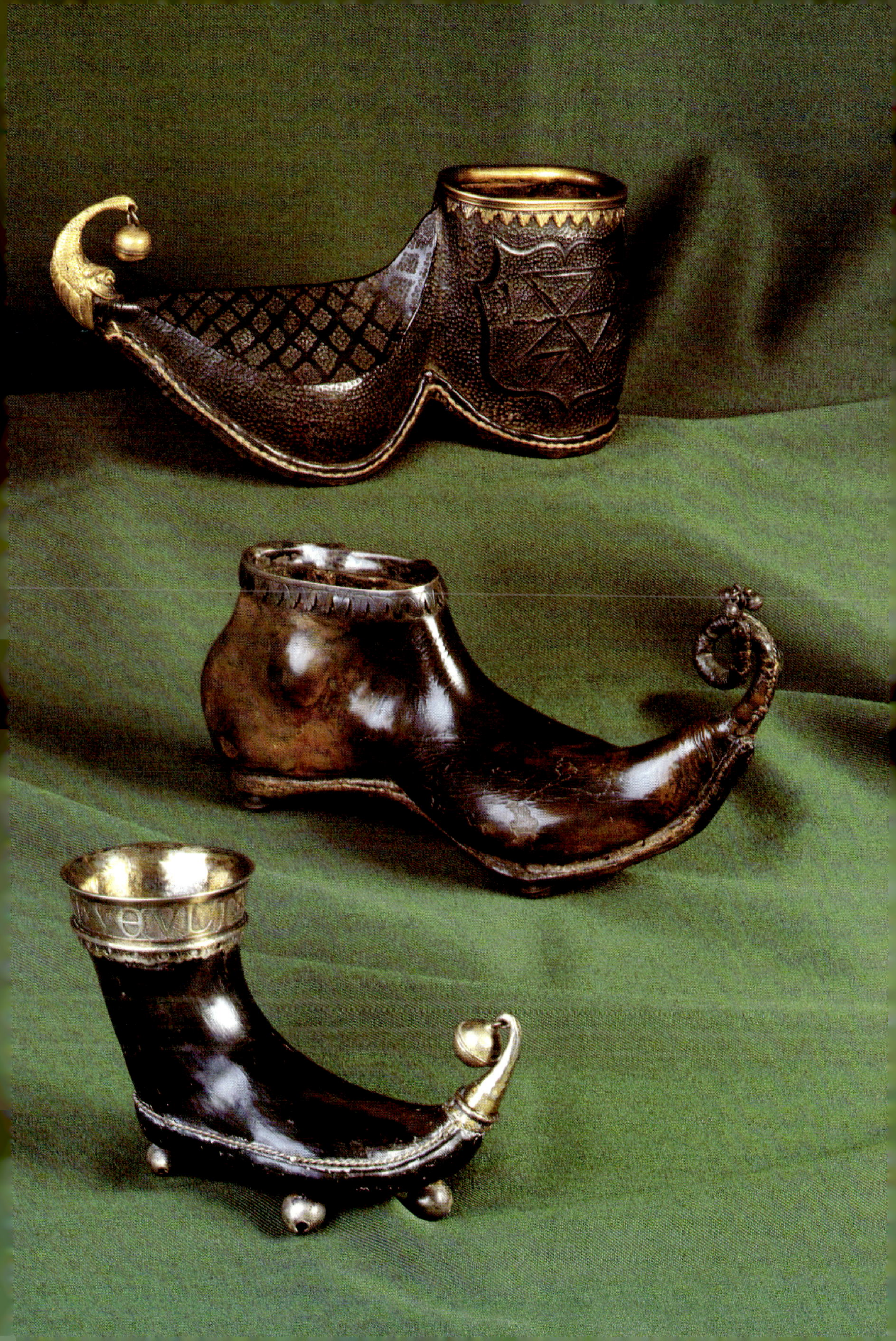

Der Schnabelschuh – vorherrschende Schuhform in Indien

Ob es sich um Schuhe, Pantoffeln oder Sandalen handelt, Indien und Pakistan können mit einer seltenen Vielfalt von Formen und Typen aufwarten. Sowohl die Hindus, die die stärkste Bevölkerungsgruppe in Indien bilden, als auch die Mohammedaner, die vornehmlich in Pakistan zu Hause sind, legten auf ihre Bekleidung stets grossen Wert und vernachlässigten dabei die Fussbekleidung nicht.

Die ursprünglichste Fussbekleidung im ganzen indischen Raum ist die Sandale, eine Sohle aus Leder oder Holz, die auf einfachste Weise am Fuss befestigt wird. Manche halten die von den Hindus für den Gang ins Heiligtum bevorzugte Holzsandale für die urtümlichste Schuhform Indiens. Das Besondere dieser Sandale ist, dass das Holzbrettchen, das späterhin die Form einer Fussohle oder eines stilisierten Fisches annehmen konnte, mit einem zapfenähnlichen Pflock versehen ist, der sich zwischen die grosse und die nächste Zehe zwängt. Das Holz der Sandale konnte dem edleren Elfenbein oder Silber Platz machen, wenn ihr Träger einer höheren Kaste oder der Priesterschaft angehörte. Die indische Freude an reicher Ornamentik kam auch bei der Ledersandale zum Ausdruck; sowohl die breiten Ristbänder als auch die Sohlenoberflächen erhielten Verzierungen verschiedenster Art.

Wie bedeutsam die Sandale für den Inder auch sein mag, die dominierende Schuhform auf dem ganzen Subkontinent ist der *Schnabelschuh*. Im Unterschied zum europäischen Schnabelschuh der Gotik, der eine storchenschnabelartige Verlängerung der Schuhspitze aufweist, ist dem indischen eine Spitze eigen, die unmittelbar hinter den Zehen in die Höhe und rückwärts gebogen ist und in verkürzter Form einem Papageienschnabel gleicht. Bei den beiden Schnabelschuhen aus jüngerer Zeit, die unser Bild festhält, mündet die Spitze in einen dünnen, spitz auslaufenden Lederriemen.

Wie immer die Spitzen im einzelnen aussehen – sie können gar zweihörnig werden –, die derart ausgeformten Schuhe oder Pantoffeln (Schlüpfer) werden aus allen möglichen bunten Ledersorten gefertigt, wobei das Indischrot als besonders beliebte Farbe hervortritt. Die Schuhe sind meistens mit reichen Stickereien verziert. Bunte Metallblättchen, Perlmuttereinlagen und Perlen steigern den Formenreichtum ins Unendliche. Den Pantoffel in besonders pompöser Ausführung tragen die Frauen im Harem, wenn sie vor ihrem Herrn zum Tempeltanz antreten.

Ob die aufgebogenen Spitzen des Schuhs einen rein utilitaristischen Zweck verfolgen, also einfach dem Schutz der Zehen dienen, oder ob ihnen, wie da und dort vermutet wird, Symbolwert zukommt – etwa im Sinne eines Fruchtbarkeitszeichens –, ist nicht mit letzter Sicherheit auszumachen.

Ledersandale mit Zehenring, getragen von Kulis, Bombay, 1893 (oben).
Schnabelschuh mit Metallstickerei, getragen von Anhängern einer mohammedanischen Sekte, Bombay, 1892 (Mitte).
Schnabelschuh mit feiner Goldfadenstickerei, Pakistan, 1954 (unten).

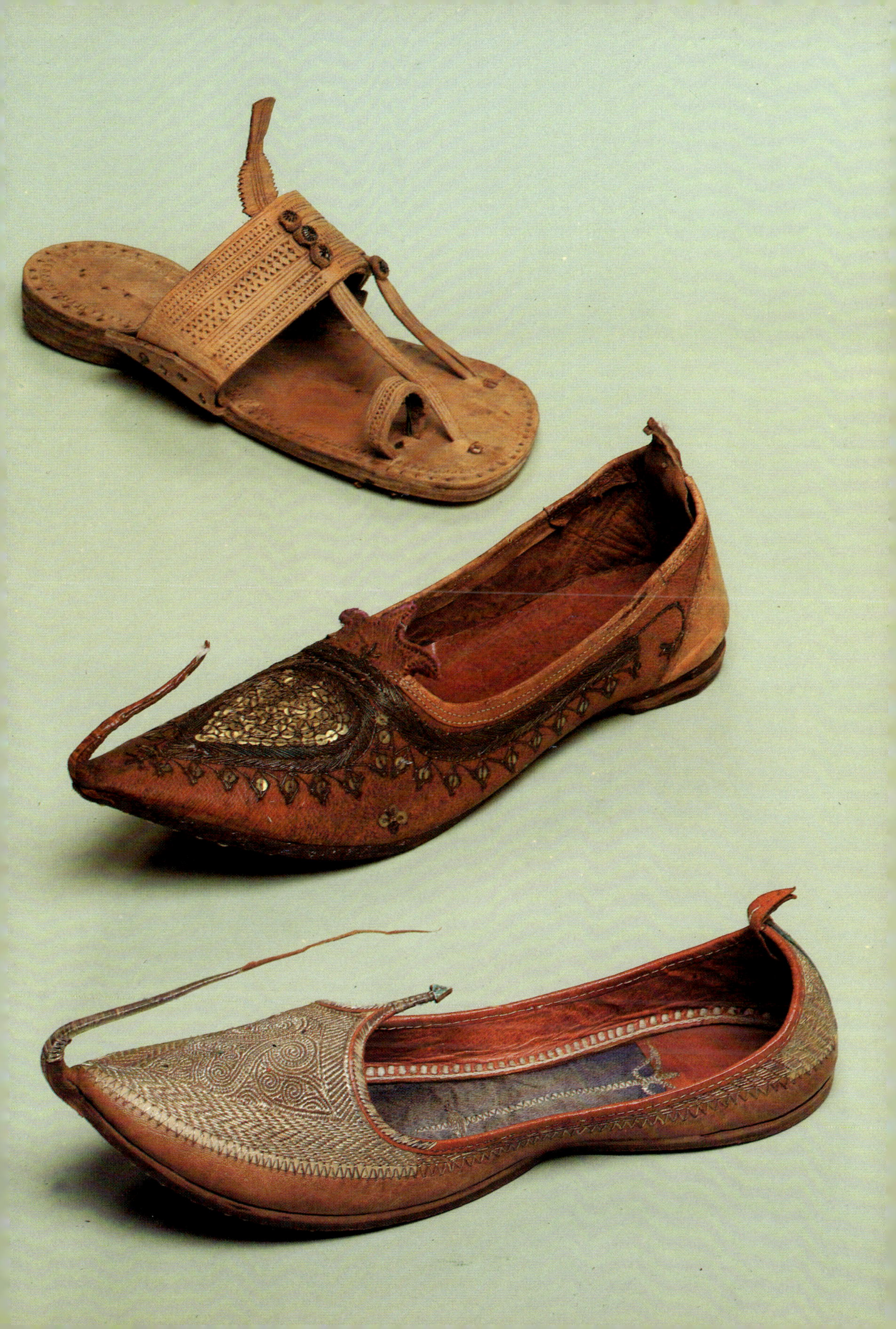

Der «Kuhmaulschuh» und der Liebesbecher aus Faenza

Der Übergang vom übertrieben Spitzen zum auffällig Breiten hätte nicht brüsker erfolgen können: Auf den extrem langen Schnabelschuh folgte unmittelbar der überbreite Kuhmaulschuh. Ihm zugetan waren die Patrizier in den Städten und die Landsknechte, während die Bauern, Handwerker und Pilger den überkommenen wadenhohen Schnallen- und Knöpfstiefeln die Treue hielten. Dass Kleiderordnungen, die zu Beginn des 16. Jahrhunderts erlassen wurden, auf den Schuh, insbesondere auf den Kuhmaul- und Hornschuh, nicht eingingen, lässt vermuten, dass die neuen Schuhextravaganzen die Gemüter weniger bewegt haben, als dies ein Jahrhundert zuvor noch die Schnäbel getan hatten. Trotzdem – den Kuhmäulern war kein langes Leben beschieden.

Schuhdarstellungen findet man in der Keramik nicht selten, besonders im späten 16. Jahrhundert. Erstaunlich und bemerkenswert ist aber, dass ein grosser Meister der «Bottega della coppa Bergantini» in Faenza zu Beginn des 16. Jahrhunderts, zu einer Zeit also, als in Faenza noch ein strenger und beherrschter Stil waltete und sich der Künstler keine speziellen Freiheiten erlauben durfte, einen so kapriziösen Schuh zu schaffen wagte. Der hier vorgestellte Schuh aus Majolika, dessen Entstehung aufgrund der Farbe und des Dekors auf 1535 angesetzt wird, gehört jedenfalls zu den ältesten, seltensten und zugleich schönsten Stücken, die Faenza zu bieten hat.

Professor Livrani vom Internationalen Keramikmuseum in Faenza, der diesem Schuh 1953 eine Studie gewidmet hat, versucht, die Malerei auf dem breiten Vorderschuh und damit auch den besonderen Sinn und Zweck des Gefässes zu deuten. Das Motto auf der Banderole, ob zum Sätzchen «io penso e spero» oder «io penso e aspetterò» ergänzt, das eigentümliche Gehaben der Putte und der Köcher in ihrer linken Hand liessen ihn eher an eine Amorette – eine geflügelte Liebesgöttin – im profanen Sinn als an einen Engel aus himmlischen Gefilden denken. So oder anders verstanden – «ich denke und hoffe» oder «ich denke und werde warten» –, schienen ihm die Worte die sehnsuchtsvolle Erwartung eines Liebenden auszudrücken, eine Gunst, wenn auch eine sehr irdische, möge ihm nicht länger vorenthalten bleiben. Ob die Adressatin die Botschaft dieses Kuhmaules richtig verstanden hat? Gefässe in so seltsamer Form und Gestalt als Übermittler graziöser Botschaften werden gegen Ende des 16. Jahrhunderts jedenfalls nicht mehr selten sein.

Majolika-Schuh aus Faenza (Italien), um 1535.

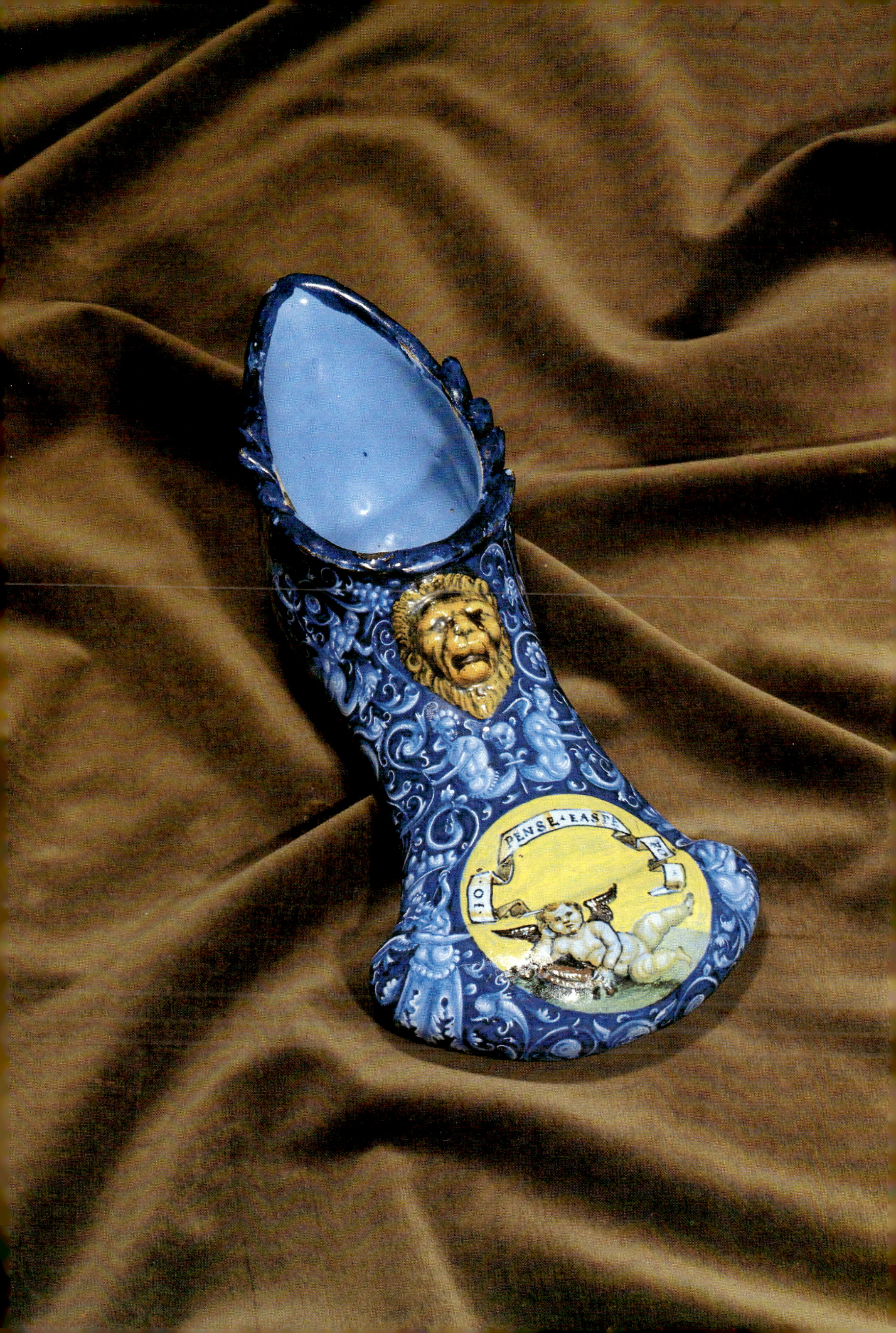

·IO·
PENSE·EASPE
RO·

Geschlitzte und gehörnte Schuhe der Renaissancezeit

Die Renaissance, Zeit grosser politischer, geistesgeschichtlicher und gesellschaftlicher Veränderungen in Europa, hat in den aufblühenden Städten ein starkes, selbstbewusstes Bürgertum entstehen sehen. In der Kleidermode waren es jetzt die reichen und mächtigen Bürger und nicht mehr so sehr die Fürstenhöfe, die den Ton angaben. Zuerst in Italien, dann in Frankreich und in den Ländern nördlich der Alpen wandte man sich bewusst ab vom Schlanken und Überspitzten der Gotik und bevorzugte das Breite und Gerundete. Zum langen Mantelrock, der Kniehose und den Strümpfen trugen die Bürger betont breite Schuhe.

Diese erste Gegenbewegung drohte, wie dies fast zu erwarten war, zunächst ins andere Extrem zu fallen: Die Schuhspitze fiel so übertrieben breit aus, dass sie das Volk kurzum als «Bärenfüsse, Kalbs- oder Kuhmäuler» verspottete. Eine andere Version des breiten Schuhes kaprizierte sich auf ausgestopfte seitliche Spitzen und handelte sich dafür den Namen «Hornschuh» ein. In einer nächsten Phase verlor der Schuh dann sein Übermass an Breite, blieb aber vorne auffällig eckig.

Ein anderes, nicht weniger auffälliges Merkmal der Renaissance-Schuhmode ist die Schlitzung des Oberleders. In der bildhaften Sprache des Volkes sind diese Schuhe als zerhauene oder gepuffte charakterisiert worden. Die Schlitze sollten nicht bloss dem Fuss frische Luft zuführen, sondern auch Gelegenheit geben, den weissen oder farbigen Strumpf bis zu den Zehen wirken zu lassen.

Von der Mitte des 16. Jahrhunderts an nahm die Breite – unter dem Einfluss der damals in Europa sehr mächtigen Spanier – wieder deutlich ab; die Schuhe passten sich in Länge und Breite der natürlichen Form des Fusses an, ohne aber in allen Teilen fussgerecht zu werden. Oberleder und Sohle wurden aus Ledern verschiedener Stärke und Festigkeit geschnitten, der Oberteil auf dem Holzleisten geformt und mit der Sohle in unterschiedlichen Macharten vernäht.

Im Innern des Hauses trug man bereits um 1500 einen «unvollkommenen Schuh», der ohne oder nur mit einem ganz niedrigen Fersenteil auskam. Für ihn wurde zur selben Zeit der Name *«Pantoffel»* geprägt. Als Pantoffel darf der dicksohlige «unvollkommene Schuh» auf unserem Bild mit besonderem Grund bezeichnet werden, da er mit seiner Sohle aus Kork den ursprünglichen Sinn des Wortes in besonderer Weise erfüllt. Pantoffel, eine Wortzusammensetzung italienischen Ursprungs, bezeichnet nämlich einen Gegenstand, der ganz aus Kork gefertigt ist. Es erstaunt nicht, dass man so leichte und häuslich wirkende Schuhe lieber an Frauen- als an Männerfüssen gesehen hat. Liessen sich Männer allzuoft pantoffelbewehrt in der Öffentlichkeit blicken, so konnte es um den Ruf ihrer Männlichkeit rasch geschehen sein.

Schlitzschuh, Schloss Issogne (Norditalien), um 1550 (oben).
Hornschuh, England, um 1510 (Mitte).
Pantoffel mit starker Korksohle, Deutschland, 16. Jahrhundert (unten).

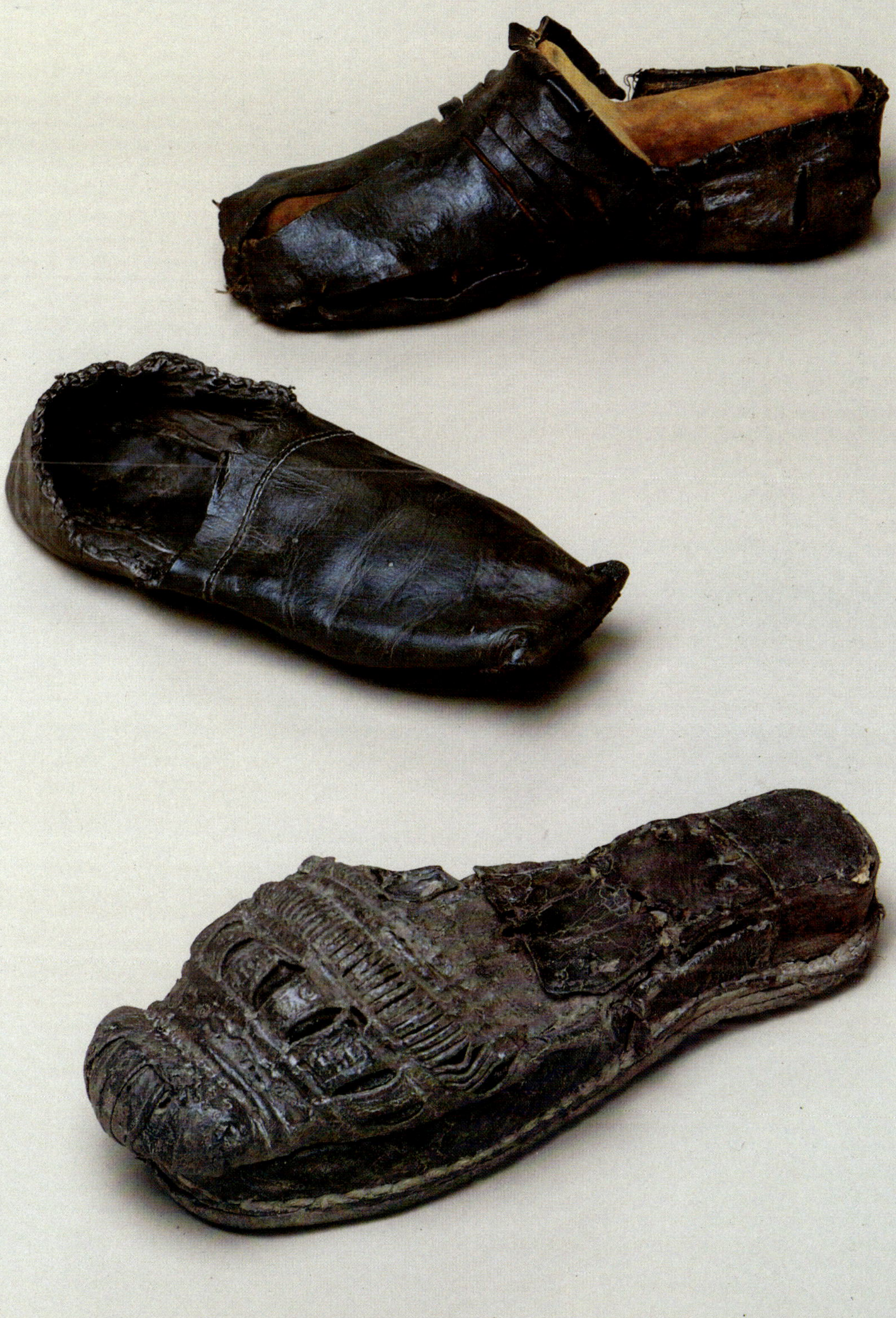

Orientalische Extravaganz und spanische Eleganz – Modeimpulse der Spätrenaissance

Seit dem zweiten Drittel des 16. Jahrhunderts hatte Spanien mehr und mehr an politischem und kulturellem Einfluss gewonnen. Mit der zunehmenden Macht des spanischen Hofes ging eine allgemeine Stärkung der Könige und Fürsten einher, während die Bürger und die Städte eine entscheidende Schwächung erfuhren. Der vom spanischen Königshof bevorzugte Bekleidungsstil, der trotz seiner Eleganz ein wenig steif und körperverneinend wirkte, wurde verbindlich für die Oberschicht, und die Bürger passten sich an.

Die Männerkleidung betonte die Silhouette der Beine durch sehr kurze, breitgepolsterte Hosen und enganliegende Strümpfe oder Beinlinge, zu denen man weiche, niedrige Schuhe trug, die den Fluss der Linie möglichst wenig unterbrachen. Frauen trugen ähnliche Schuhe wie die Männer. Aus sehr weichen, meist hellen Ledern gefertigt, umschlossen sie den Fuss handschuhartig. Die feine Spange auf dem Rist wurde mit einer kleinen, unauffälligen Schnalle geschlossen. Wert legte die spanische Mode vor allem darauf, dass der Schuh den ganzen Fuss verhüllte. Es galt als höchste Unkorrektheit für beide Geschlechter, den Fuss zu zeigen.

Dass auch England der spanischen Mode nicht widerstehen konnte, zeigt der mit Metall- und Seidenfäden bestickte Wildlederschuh, der vermutlich noch in die Regierungszeit der Maria I. Tudor (1553 bis 1558), der mit Philipp von Spanien vermählten englischen Königin, fällt. Um die empfindlichere Ausstattung solcher Schuhe zu schonen, pflegten die Damen in England und auf dem Kontinent hochsohlige hölzerne Überschuhe zu tragen.

Eher von Extravaganz als von Eleganz muss man sprechen, wenn man den Mädchenschuh und den Frauenpantoffel zu charakterisieren versucht, die beide mit eigenartigen Sohlenformen aufwarten. Es sind gemässigte Vertreter einer Schuhgattung, die bei den noblen Schönen in Norditalien und Spanien bereits hohe Gunst geniesst, ihren Ursprung aber offensichtlich im Orient hat, des Stelzschuhes nämlich, der unter dem Namen «Chopine» bekannt werden wird. Verfehlt wäre es, beim Anblick der beiden Sockel, auf denen die Sohle des Kinderschuhes ruht, bereits an Absätze zu denken. Einer originellen Idee des Schuhmachers entsprach es nämlich, den Effekt einer hohen Sohle durch zwei, vorn und hinten plazierte, absatzähnliche Stelzen zu erreichen. Im seitlichen Ausschnitt dieses Schuhes kündigt sich übrigens schon ein frühbarockes Stilelement an.

Frauenschuh aus Wildleder mit Riemenverschluss, bestickt, England, 2. Hälfte des 16. Jahrhunderts (oben).
Mädchenschuh mit Sockel auf Hinter- und Vordersohle, Punz- und Lochornamente, Italien, um 1600 (Mitte).
Frauenpantoffel mit starker Korksohle, Überzug aus grünem Damast, Venedig, Ende des 16. Jahrhunderts (unten).

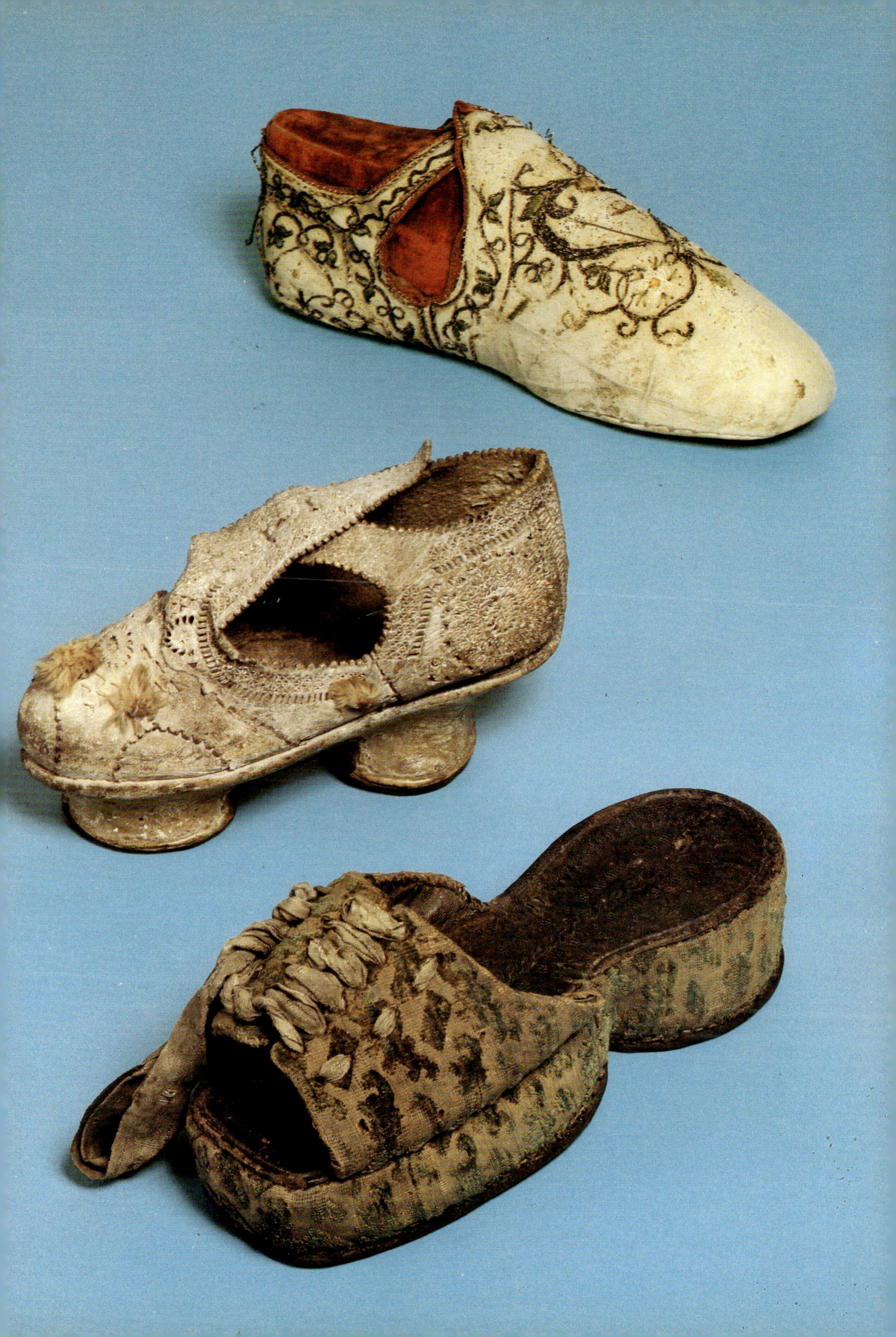

Der Stelzschuh der extravaganten Venezianerin

In Venedig kam seit etwa 1490 in der Frauenmode eine Neuerung auf, die die Aufmerksamkeit der Fremden erregte. Auf seiner Reise nach Jerusalem 1494 hatte Pietro Casola in Venedig Zwischenhalt gemacht und in seinem Bericht folgendes festgehalten: «Die Frauen, welche die Zoccoli über eine mailändische Elle hoch trugen, schauten wie Riesinnen aus und waren beim Gehen vor dem Fallen nicht sicher, so dass sie sich auf ihre Dienerinnen stützen mussten.» Die Rede ist hier von den Chopinen, von hölzernen Sockeln in der ungefähren Gestalt einer Sohle, deren Höhe mitunter die Höhe des Fusses von der Sohle bis zum Knöchel übertrifft. Sie wurden durch Schlaufen am Fuss festgehalten. Dieser Stelzschuh aus leichtem Kork oder Holz war mit Samt, Leder oder kostbaren Materialien wie Gold und Silber überzogen und schaute, da die Röcke lang herabfallend waren, nur zum kleinsten Teil unter dem Saum hervor. Er bewirkte eine unsichtbare Vergrösserung der Trägerin.

Der Ursprung dieser exzentrischen Schuhmode ist wohl im Orient zu suchen. Durch seine Besitzungen in den Ländern des östlichen Mittelmeerraumes war Venedig mit der Kultur der Türkei besonders vertraut. So kam es denn, dass die für den Gang ins öffentliche Bad bestimmten Stelzsandalen der Türkinnen in veränderter Form in den Palästen der venezianischen Nobeln als Chopinen Eingang fanden.

Früher als in Venedig haben derartige Schuhe in Spanien von sich reden gemacht. Sie sind dort unter dem Namen «Los chapines» oder «Los tapines» bekanntgeworden. Schon 1438 kritisiert der Erzpriester von Talavera «lasterhafte und verleumderische» Frauen, die bemalte Chapines mit gold- und silbergepresstem Leder oder mit Brokat tragen, die nur wenig niedriger sind als eine «xeme», was der Distanz zwischen Daumen- und Zeigefingerspitze der gespreizten Hand entspricht. Vierzig Jahre später beklagt sich Fray Hernando de Talavera darüber, dass es der Chapines so hohe und so viele gebe, dass kaum noch genügend Kork dafür vorhanden sei, und das auf Kosten des Stoffes, weil das Kleid um soviel länger werden müsse, als der Chapin an Grösse vortäusche. Wohl von Spanien aus hat die Chopine ihren Weg auch nach Frankreich und England eingeschlagen und dort wie anderswo viele Gemüter erregt.

Gegen diese Schuhmode und vor allem gegen Exzesse mussten Stadtobrigkeiten da und dort verordnend und zum Teil verbietend eingreifen. Mancherorts wusste aber die Kirche, die modischen Extravaganzen gegenüber sonst gerne harte Kritik walten liess, diesem Stelzschuh doch noch eine positive Seite abzugewinnen. In der verminderten Bewegungsfreiheit, die mit dieser Fussbekleidung verbunden war, sah sie eine Minderung der Gelegenheit zur Sünde, vor allem der damals in Italien überhandnehmenden Tanzlust.

Chopine aus Kork mit weinrotem Samtüberzug, 17 cm hoch, Venedig, 16. Jahrhundert (oben).
Chopine aus Kork, überzogen mit Mauleselleder, 10 cm hoch, Venedig, um 1570 (Mitte).
Chopine aus Kork mit grünem Samtüberzug, 14 cm hoch, Venedig, um 1560 (unten).

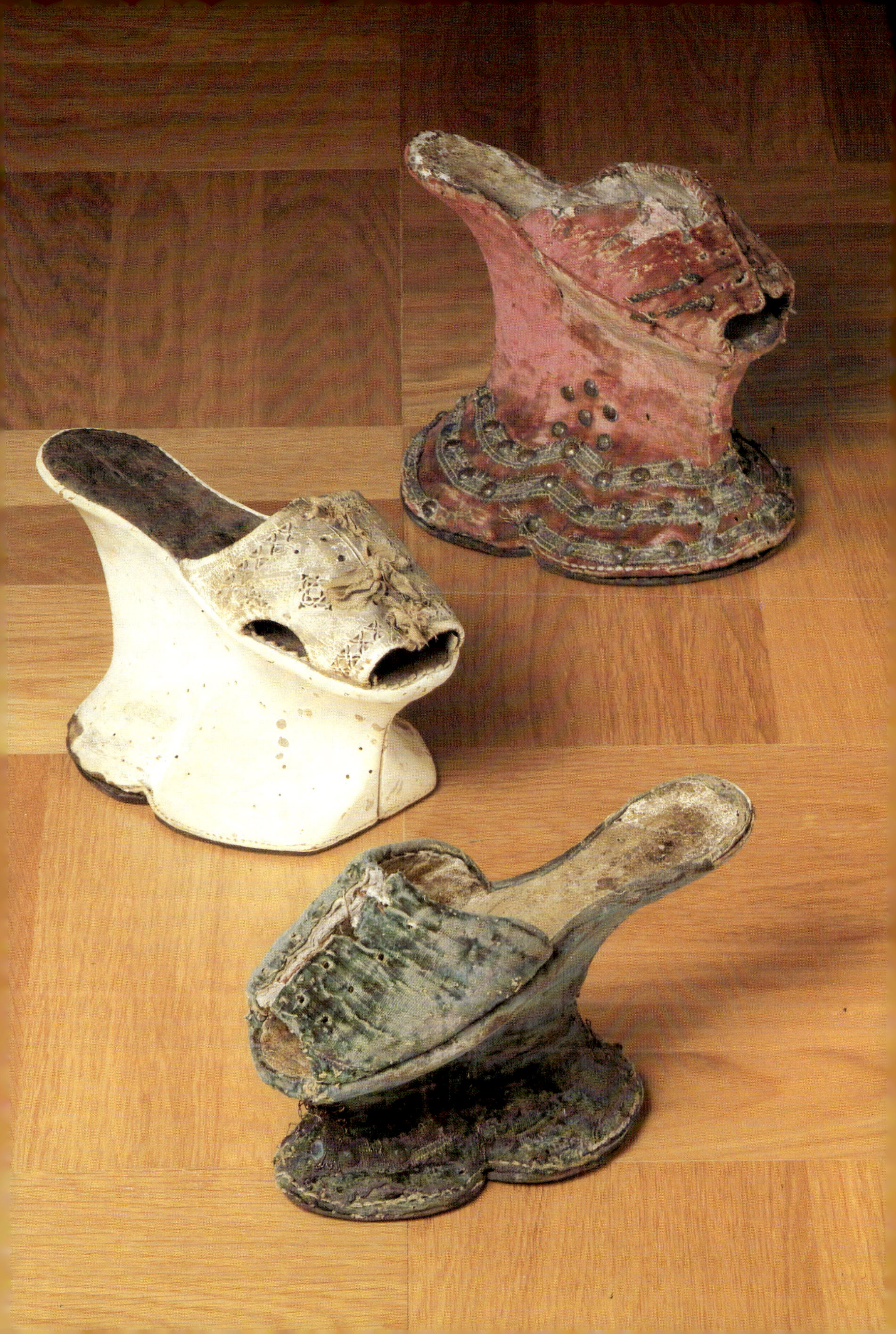

Der Kapkap der noblen Orientalin – einst Vorbild der venezianischen Chopine

Der Kapkap ist vor allem in der Levante, in den Ländern um das östliche Mittelmeer bis zum Euphrat und Nil, besonders an den Küsten Kleinasiens, Syriens und Ägyptens zu Hause. Wer solche Stelzschuhe bei welcher Gelegenheit getragen hat und warum sie wohl je in den Schuhgarderoben der Frauen Eingang gefunden haben, darüber gibt es heute noch mehr Mutmassungen als sichere Auskünfte.

Unbestritten ist eigentlich nur, dass ausschliesslich Frauen sich ihrer bedient haben. Während es für die einen Schuhe waren, die den Frauen im Harem zugedacht waren, wollten die andern sie nur als Fussbekleidung für den Gang ins öffentliche Bad anerkennen. Von einzelnen Kapkaps, die hier im Bild erscheinen, wissen wir aber, dass sie einfach zum Festtagsschmuck vornehmer Damen gehörten. Von einer Augenzeugin konnten wir überdies erfahren, dass man um 1925 in einem syrischen Dorf die Füsse einer zehnjährigen Braut mit solchen Stelzschuhen bekleidete und auf diese Weise die dem noch zarten Alter gemässe kleine Körpergrösse – im Vergleich zur strammen Gestalt des Bräutigams – ein wenig korrigierte.

Der Wunsch von Frauen, ihren kleineren Körperwuchs mittels Stelzschuhen auszugleichen, mag für sie ein ausreichender Grund gewesen sein, die Mühsal eines beschwerlichen Ganges auf sich zu nehmen. Zur Fortbewegung auf solchen Stelzen waren sie auf hilfreich stützende Dienerinnen angewiesen. Ein so von Eitelkeit diktierter Wunsch kann aber wohl kaum der einzige Grund dafür sein, dass solche Kapkaps überhaupt entstehen und sich über Jahrhunderte erhalten konnten. Andere Gründe dürften wie bei vielen anderen Brauchtümern mit Religiös-Kultischem verknüpft sein, indem man den hohen Rang und die erhabene Würde einer Person oder Gottheit in körperlicher Übergrösse versinnbildlicht sah oder indem man in Befolgung strenger Reinigungsvorschriften das Tragen von Schuhen aus tierischer (also unreiner und verunreinigender) Haut verpönte. Dabei ist nicht auszuschliessen, dass solche Regeln ritueller Art, sofern sie zum Beispiel die Verwendung von Holzsandalen vor und nach dem Bad verordneten, im Grunde sehr praktische Zwecke, etwa solche der Hygiene, verfolgten. Es konnte ja sehr wünschenswert sein, dass die Frauen mit bereits vorgesäuberten Füssen im öffentlichen Bad erschienen.

Holzstelzsandale mit Perlmutterverzierungen, 18 cm hoch, Bagdad, 1893 (oben).
Holzstelzsandale mit Kerbschnitzereien, Ristband mit Metallfadenstickerei und Glasperlenornament, Libanon, 1904 (rechts).
Holzstelzsandale mit Perlmutter- und Elfenbeinverzierungen, besticktes Ristband, Damaskus, 1905 (unten).

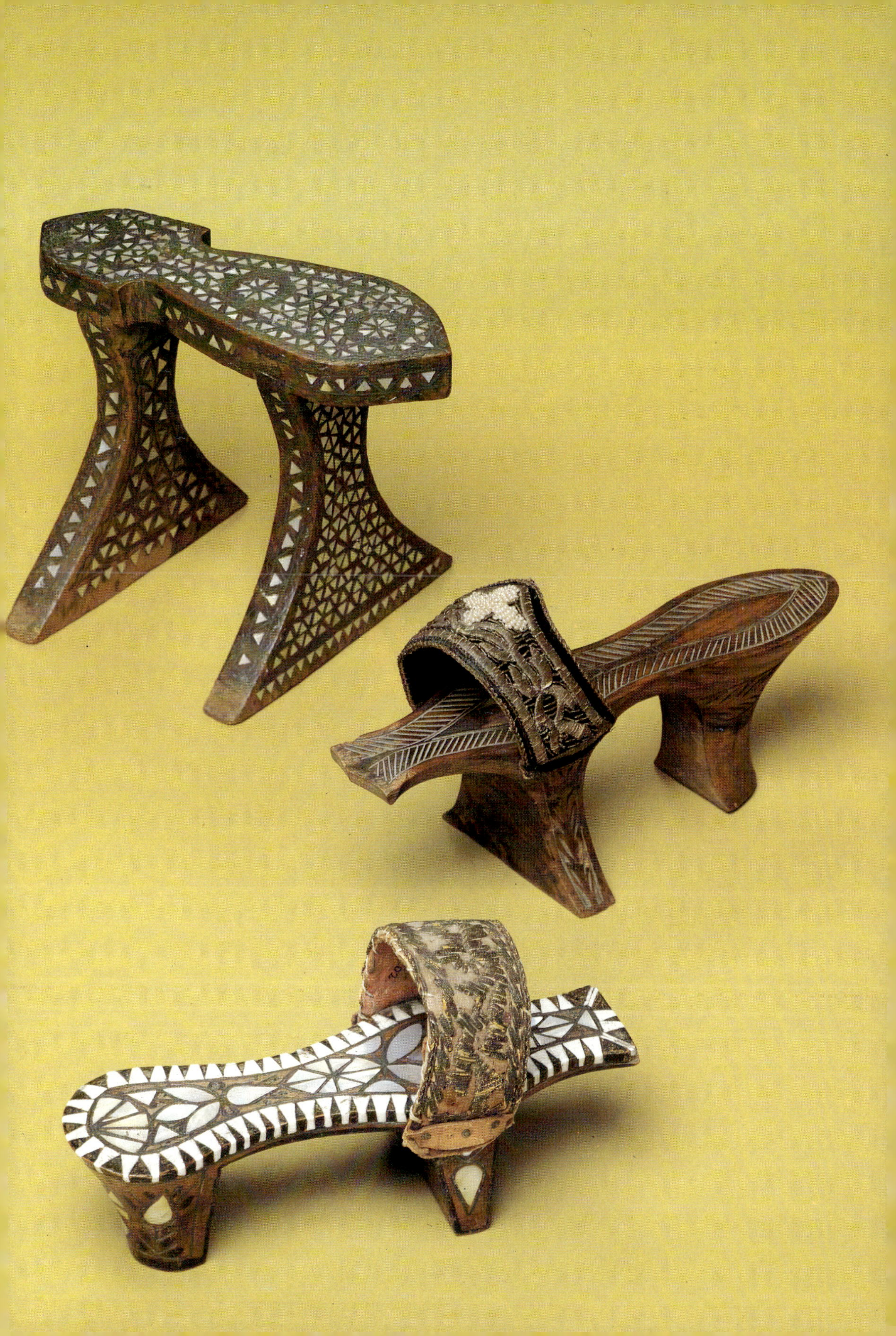

Fayenceschuhe des 16. und 17. Jahrhunderts als Likörflaschen und Handwärmer

Frauenschuhe, aus weichem und hellem Leder gefertigt, erhalten im zweiten Drittel des 16. Jahrhunderts ohrenartige Ausschnitte an den Seiten, der Fussrücken bleibt aber weiterhin geschlossen. Das weisse Oberleder wird oft mit reicher Lochdekoration oder bunter Stickerei versehen; beliebt sind geometrische Muster. Eigen ist ihnen auch eine feste Sohle. Es sind Schuhe, die im wesentlichen noch der spanischen Mode der Spätrenaissance zuzurechnen sind.

Es ist erstaunlich, mit welcher Genauigkeit die Töpfer aus Faenza und Florenz solche Frauenschuhe in Majolika nachgebildet haben. Verwunderlich ist es aber zu erfahren, dass diese in Schuhform erscheinenden Gefässe ursprünglich als Handwärmer (Caldemani) gedacht waren. Vornehmlich Herren, so wird berichtet, hätten sich in kalter Jahreszeit solcher mit warmem Wasser oder Sand gefüllter Gefässe bedient, um ihre Finger, die trotz der Nähe des Kaminfeuers weiter fröstelten, zu erwärmen. Dabei schien es ihnen Spass zu bereiten, einen Frauenschuh mit ihren Händen zu umklammern, der einer besonderen Erinnerung wert war. Dass solche Caldemani gelegentlich zweckentfremdet wurden und durch ihren Einfüllstutzen statt Wasser und Sand edle Säfte und Wässerchen eintreten liessen und sich dann in der Rolle von Wein- und Likörflaschen gefielen, ist nicht unwahrscheinlich, aber kaum belegt.

Um eine Likör- oder Weinflasche dürfte es sich aber, wie Forrer (Archäologisches zur Geschichte des Schuhes aller Zeiten) meint, beim dritten Schuhgefäss handeln. Er schreibt: «Man darf sich dieses zerbrechliche Gefäss doch nicht mit Milch gefüllt in den Händen kleiner Kinder denken; eher wird man sie sich mit einem kostbaren Wein oder Likör gefüllt als Hochzeitsgeschenk vorstellen müssen, an das man auch wohl ein Saugrohr ansetzte, um den besonderen Inhalt mit mehr Genuss zu geniessen.» Das Schuhmodell, das der Töpfer aus Faenza nachgebildet hat, gehört bereits einer späteren Zeit an. Der starke Blockabsatz – ein bisher unbekanntes Schuhelement –, die breite, fussgerechtere Form und die Schnallenverzierung sind typische Merkmale eines Barockschuhes. Vieles spricht dafür, dass ihn der Töpfer als Modell auch an einem Frauenfuss entdeckt hat.

Fayenceflasche in Schuhform, Faenza (Italien), 1600 bis 1630 (oben).
«Caldemani» (Handwärmer), Majolika, Florenz und Faenza, 2. Hälfte des 16. Jahrhunderts (Mitte und unten).

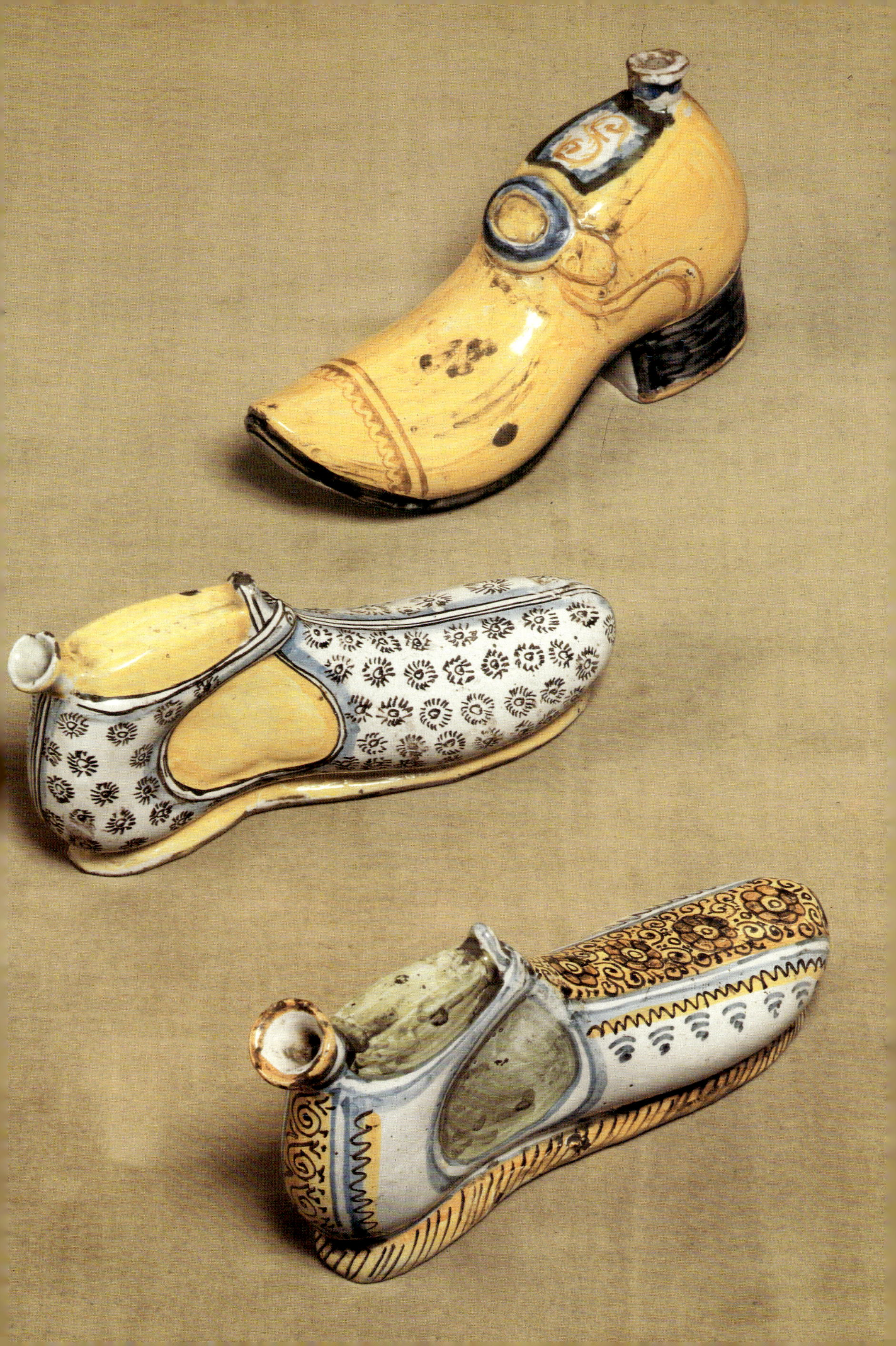

Der Schuhmacher der Barockzeit und die «galanten Kupferstiche»

Verschiedene Abbildungen volkstümlich erläuternder Art des 16. und 17. Jahrhunderts, vor allem Holzschnitte und Kupferstiche, gestatten, einen Blick in Schusterwerkstätten der Renaissance- und Barockzeit zu werfen. In den eleganter ausgestatteten Ateliers arbeitet der vornehm gekleidete Meister an seinem Pult, auf dem er das Leder zuschneidet und von dem aus er die um einen langen, niedrigen Tisch sitzenden Gesellen beaufsichtigt. Im angrenzenden Verkaufsraum bedient die Frau des Schusters die Kunden. Fertige Schuhe und Stiefel hängen über dem Verkaufstisch – das nach der Strasse geöffnete Fenster dient oft als solcher – oder über dem ganzen Werkstattraum. Auf Tischen oder Wandgestellen liegen Schuhe zur Bearbeitung bereit. Die gehobene Stellung von Meister, Meisterin und Gesellen deuten die schönen Kopfbedeckungen und die modische Kleidung an. Sprüche, die solche Abbildungen zu begleiten pflegen, triefen erst vor frommer Erbaulichkeit, um sich dann allmählich in Gedichte voller Schalk und Witz zu wandeln. «Es drückt der Sünden-Schuh, macht ihn nicht fester zu», lautet ein praktisch-frommer Rat, den der Schuster an eine nette, aber anscheinend etwas lockere Person richtet, die ihren Schuh ausgezogen hat und ihren schmerzenden Fuss befühlt.

Unser Stich, der gegen Ende des 17. Jahrhunderts entstanden ist, stellt zwar auch eine Schusterwerkstatt dar; deren Zeichner oder Kupferstecher vermochte aber der technischen Seite weniger Geschmack abzugewinnen als der künstlerischen. Entstanden ist eine «gravure galante», eine Darstellung, die ihr ganzes Interesse einer schönen Frau und dem «aufregenden» Schauspiel einer Schuhanprobe zuwendet. Die Werkstatt ist nur Staffage, Nebensache. Der Meister, der Mode seiner Zeit gemäss mit langem Überrock, bis zu den Knien reichender Hose, weinroten Strümpfen und spitzen, absatzbewehrten Schuhen bekleidet und die riesige Allongeperükke tragend, bemüht sich auf sehr galante Weise um seine Kundin. Zur Anprobe bereit stehen modische Spangenschuhe mit mittelhohen, stark nach vorn gerückten Absätzen. Geschmückt werden diese Schuhe mit mächtigen Rosetten, die leicht auswechselbar sind und je nach dem Kleid, zu dem man sie trägt, die Farbe ändern. «Wenn ich einmal Ihren Strumpf zurecht gemacht habe, werden Sie Schuhe haben, die von bildhafter Schönheit sind.» So viel hält der Meister von den Schuhen, die in seiner eigenen Werkstatt hergestellt werden und die er der Kundin in guter Kaufmannsmanier schmackhaft zu machen versucht. Der Geselle, der die unvermeidliche Lederschürze und als Standesauszeichnung einen Hut mit schmaler Krempe trägt, hat mit der galanten Szene im Vordergrund wohl nichts zu tun. Er ist so versunken in seine Arbeit, als ob es in der Welt nur Leder und Schuhe gäbe.

Kolorierter Kupferstich eines unbekannten französischen Künstlers, Ende des 17. Jahrhunderts.

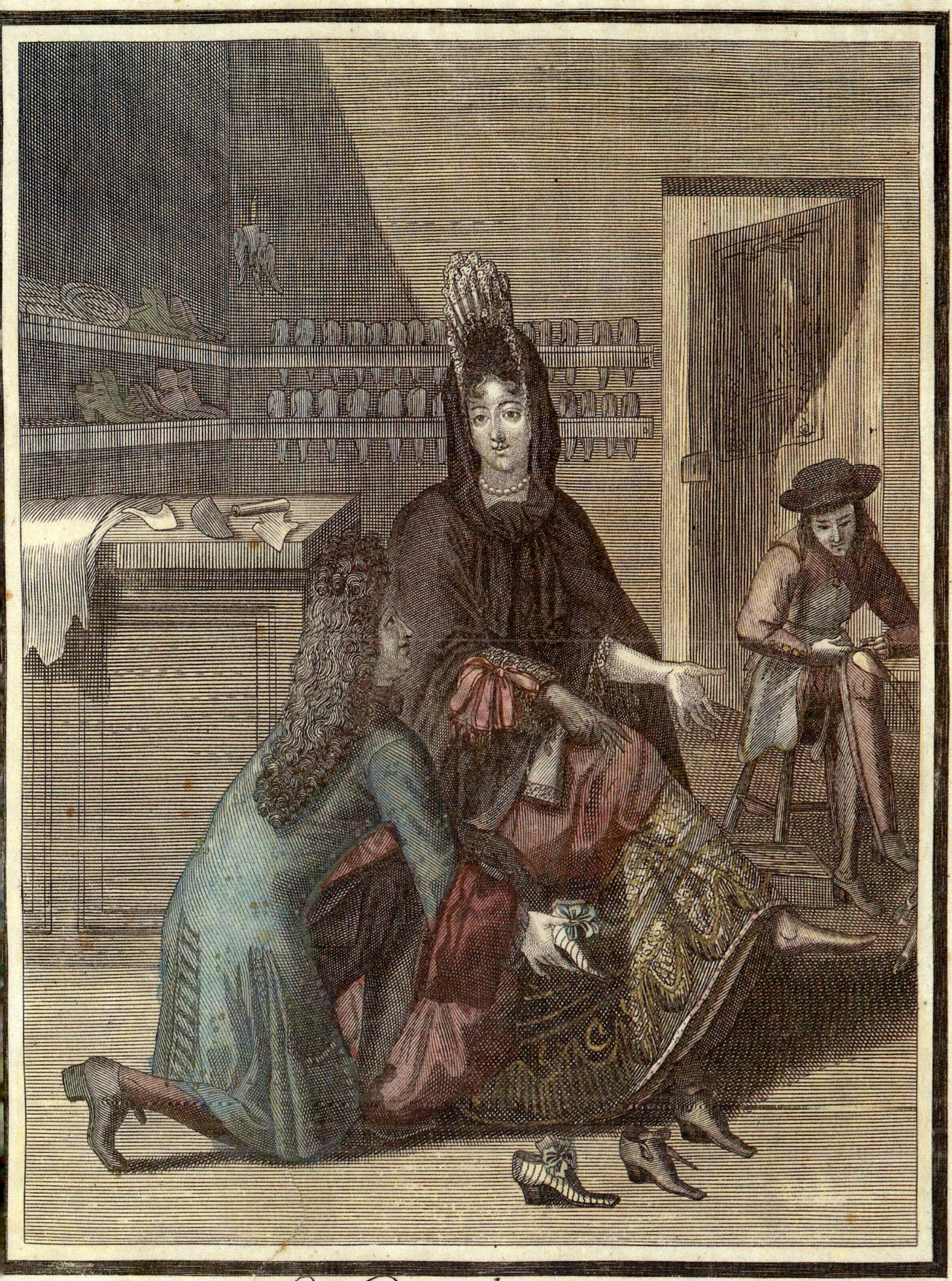

Le Cordonnier

our estre bien chaussée il faut être en posture
ous pancher en arrier, et vous mettre vn peu bas

Et apres que j'auray manié vôtre bas :
Vous aurez vn Soulier fait comme vne peinture :

Paris chez F. Guerard vis à vis la Fontaine St. Severin à Limage nostre Dame.   Auec priuil du Roy.

Eine Errungenschaft des 17. Jahrhunderts – der Absatz

Kriegerische Auseinandersetzungen erfüllten Europa im ganzen 17. Jahrhundert. Die durch die Reformation ausgelöste Zersplitterung führte zur Katastrophe des Dreissigjährigen Krieges in Deutschland, die Macht Spaniens verfiel, und die Vormachtstellung ging an Frankreich über. In dieser von Krieg erfüllten Zeit trugen die Männer mit Vorliebe hohe, bis zu den Schenkeln reichende Stiefel.

Der Reiterstiefel war bis anhin in Europa der einzige Schuhtyp gewesen, der – orientalischem Vorbild folgend – einen Absatz angenommen hatte, ein Element am Schuh, das dem Reiter half, der Sohle seines Stiefels besseren Halt im Steigbügel zu verleihen. Am Stiefel, den die Männer dieser Epoche immer mehr als unentbehrlichen Teil ihrer Tracht, und nicht nur exklusiv als Reiterrequisit, zu verstehen begannen, sah sich der Absatz aber unversehens in eine neue Rolle gedrängt: Er hatte von nun an den Männern – und sehr bald auch den Frauen – zu einer Figur und Körperhaltung, zu einem Gang zu verhelfen, die dem barocken Sinn für Schwung und Fülle, für Gestelztheit und Gravität entsprachen. Niemand konnte mehr verhindern, dass sich dieses eigenartige Schuhelement sehr rasch in ganz Europa verbreitete.

Der einzige Herrenschuh in der Dreiergruppe gehört bereits in die zweite Hälfte des 17. Jahrhunderts und stammt aus Norditalien. Bezeichnend für diese Epoche sind die Ristlasche und die zwei Spangen – diese wurden wohl seinerzeit mit einer Schnalle vorne geschlossen – sowie der hohe blockartige Absatz; bevorzugte Materialien waren nebst Leder kostbare Brokat- und Damaststoffe. Weniger typisch ist dagegen die breite, runde Form des Schuhes; sie erinnert noch stark an die sonst überholte spanische Schuhmode.

Sehr markante Vertreter der barocken Schuhmode sind die beiden Damenschuhe. Die mit einem goldbestickten Band versehene Lasche des einen steigt hoch auf, sein Vorderteil mündet in einer sehr akzentuierten Spitze. Länger und auch schmäler nimmt sich der ältere Pantoffel aus. Die Silhouette der Sohle gewinnt eine Form, die einer breiten Stahlfeder für Kunstschrift ähnelt. Schuhe dieser Art – es brauchten nicht nur fersenfreie, für den Hausgebrauch bestimmte Pantoffeln zu sein – waren bei Damen ebenso beliebt wie bei Herren. Einige französische Gardeoffiziere gingen so weit, ein «Ballet de longs pieds» zu tanzen. Offenbar wurde die Mode der überlangen Schuhe schon von den Zeitgenossen als lächerlich empfunden, denn es wird erzählt, dass jemand einem so beschuhten, in ein Gespräch vertieften Herrn einen Nagel durch den Vorderteil des Schuhes in den Fussboden getrieben habe, so dass er sich nicht fortbewegen konnte.

Herrenschuh aus Brokatstoff, Lombardei (Italien), um 1660 (oben).
Damenschuh aus grünem Damast,
England, Ende des 17. Jahrhunderts (Mitte).
Damenpantoffel aus hellblauem Gewebe, mit Silberfäden bestickt,
Frankreich, 1630–1650 (unten).

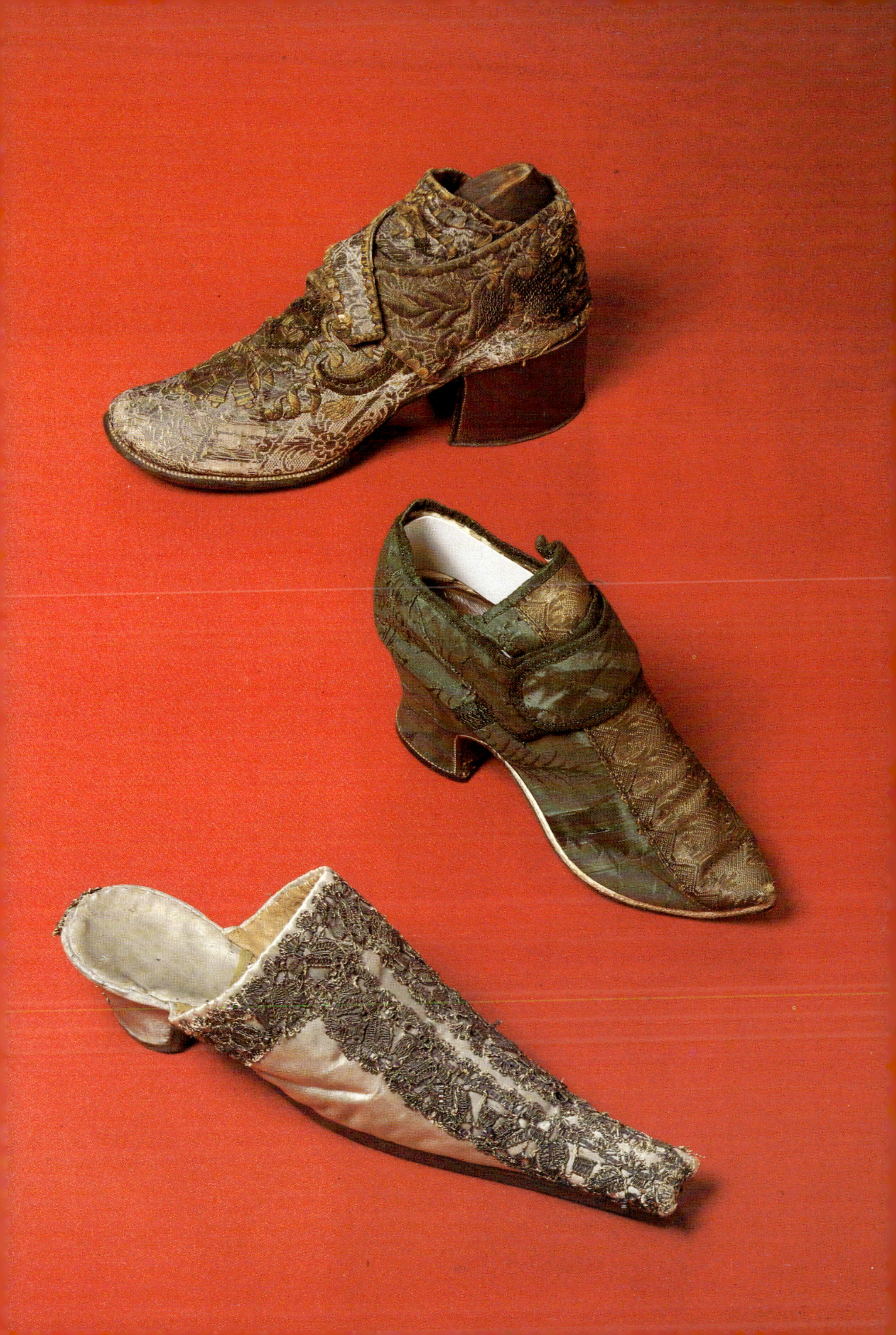

«Weihnachtsschuhe» in barockem Gewand

Die Fayenceschuhe sind alle im 18. Jahrhundert, also in der Stilepoche des Rokoko entstanden; die beiden Schuhe und der Stiefel, die den Töpfern Modell gestanden haben, sind aber hinsichtlich Form und Aufmachung Vertreter der vorangehenden Barockzeit. War dem Stiefelchen aus Bayreuth einst wohl die Rolle eines Trinkgefässes zugedacht, so darf man die zwei kleinen Schuhe – darunter den überaus seltenen schwarzen Delft – jenen Nippsachen zurechnen, die dem Barock und dem Rokoko als Geschenkartikel besonders lieb waren und in Frankreich als «Sabots de Noël», als Weihnachtsschuhe, bekannt geworden sind.

Eine Legende kindlich-naiven Inhalts hat, wie es scheint, dem «Sabot de Noël» zu seinem grossen Auftritt verholfen. Ein liebreizendes kleines Kind hatte, so will es diese Geschichte, seine beiden Holzschuhe am Abend des 24. Dezember vor dem Kamin abgestellt, inständig hoffend, dass der Weihnachtsmann sie in der Heiligen Nacht mit leckeren Dingen bis obenhin fülle. Wie erstaunt war es aber, als es am folgenden Morgen seine Holzschuhe nicht mehr vorfand, dafür zwei mit kleinen Schleckereien gefüllte Porzellanschuhe. Die Grossmutter des Mädchens war gleich zur Stelle, um diesen merkwürdigen Schuhtausch zu erklären. Der Weihnachtsmann, der in bitterkalter Nacht in ihr Haus eingekehrt war, machte Feuer im Kamin, um sich zu erwärmen, da aber zu wenig Brennholz bereitlag, warf er in der Not auch die Holzschuhe des Mädchens ins Feuer. Um das Kind nicht zu enttäuschen, kehrte er in den Wald zurück und fertigte dort mit seinen flinken Händen zwei kleine Schuhe aus nassem und glitschigem Ton.

Der Holzschuh, den einst Sankt Nikolaus mit Nüssen, Äpfeln und Lebkuchen zu beladen pflegte, musste jetzt mancherorts dem schmucken Tonschühlein Platz machen. Nicht nur Kinder, sondern auch Erwachsene liessen sich gerne mit Weihnachtsschuhen beschenken, und in ihnen waren nicht nur Zuckermandeln, sondern auch Geschenke wie Fingerringe, Broschen, Ohrengehänge oder Schuhschnallen gut aufgehoben. Die Idee aber, die sich mit dem Schuh von einst und jetzt verband, war stets dieselbe: Menschen jeden Alters froh und glücklich machen.

Mit Sitten viel handfesterer Art hat das Stiefelchen aus Bayreuth zu tun. Schon im 16. Jahrhundert geisselte der Pfarrherr Matthesius aus Nürnberg das Laster des Trinkens und erwähnt dabei die zahllosen, oft abstrusen Formen, aus denen man trank. «Heutigen Tages trinken die Weltkinder und Trinkhelden aus Schiffen, Windmühlen, Sackpfeifen, Stiefeln, Gockelhähnen ... und anderen ungewöhnlichen Trinkgeschirren, die der Teufel erdacht hat, mit grossem Missfallen Gottes im Himmel.» So kommentiert ein Mecklenburger Pfarrherr die Trinkgebräuche am Ende des 17. Jahrhunderts.

Stiefel aus Bayreuther Fayence, in Blaumalerei dekoriert, 1745–1747 (oben).
Schuh aus holländischer Fayence, Delft, Anfang des 18. Jahrhunderts (links).
«Delft-Noir» in Schuhform, gelb erhöht, Delft, um 1750 (rechts).

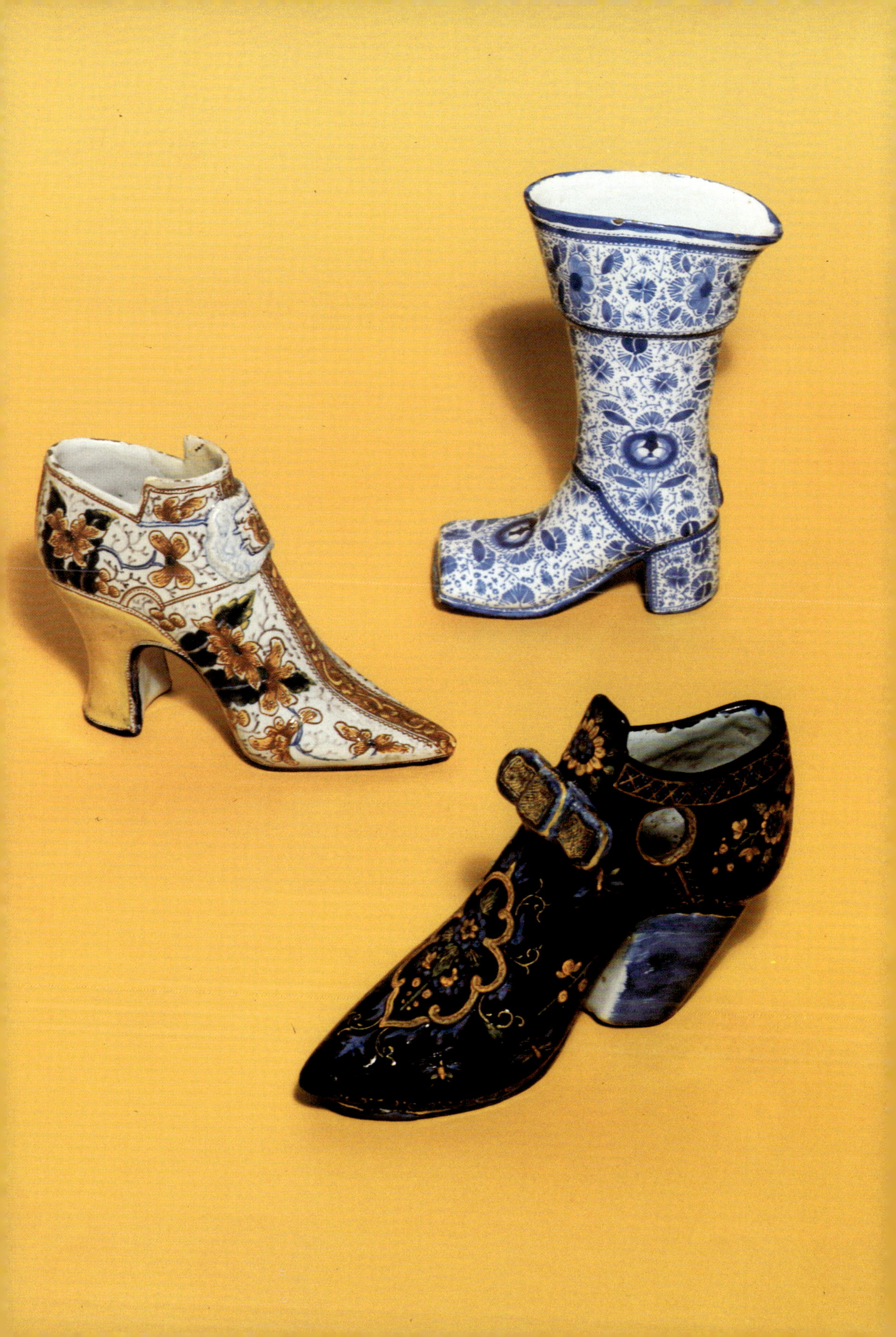

Vom starken Reiter- und Postillionstiefel zum weichen und eleganten Damenreitstiefel

Harte, kriegerische Ereignisse spiegeln sich in den «starken» Stiefeln wider, die Männer von der Mitte des 18. Jahrhunderts an bevorzugen. In Frankreich, das zu dieser Zeit nicht nur in der Politik, sondern auch auf dem Gebiet der Mode tonangebend ist, kleiden sich Männer schon unter Ludwig XIII. (1610 bis 1642) mit Stiefeln und übernehmen so für den Tagesgebrauch eine Fussbekleidung, die bis anhin fast ausschliesslich den Reitern und Jägern vorbehalten war. Es sind zunächst weiche Stiefel, die sich wie Strümpfe eng ans Bein anschmiegten; man musste erst die Füsse ins Wasser tauchen, um die Stiefel mit Hilfe eines Kammerdieners – des Stiefelknechts – überhaupt anziehen zu können. Anfänglich reichten sie bis zum Schenkel, wurden dann niedriger und bildeten am Knie die Form eines Bechers.

Neben den eleganten anliegenden Stiefeln, die bis 1650 in Mode blieben, kamen im Heer zum erstenmal «starke Stiefel» in Gebrauch: gerade, harte Röhre mit breiter Stulpe, die etwa zwei Finger über den Schaft hinausragte und einen Umfang bis zu einem halben Meter erreichte. Von der Ferse ragte waagrecht nach hinten der Sporn, meist in den breiten Ristschild eingefügt. In der Regierungszeit Ludwigs XIV. (1643 bis 1715) sind die Stiefel durchwegs «starke»; gegen deren Ende wurden sie nur mehr in der Armee und auf der Jagd getragen. Solche Stiefel bedeuteten in den schlechten, engen und schmutzigen Strassen des damaligen Paris einen wirksamen Schutz des Fusses, aber die Trichterform der Stulpe hatte die üble Folge, bei Regenwetter wie ein Reservoir zu wirken. Der starke Stiefel blieb bis Ende des 18. Jahrhunderts bei der Armee in Gebrauch. Der Jagdstiefel und die Stiefel der Hofuniformen wurden aus weichem Leder hergestellt. Der elegante, sehr schmale Stiefel, der einer Französin der Empirezeit (1800 bis 1820) zugedacht war, dürfte in der Tradition der neueren weichen Stiefel liegen. Obschon Stiefel im Stil der Militärs in dieser Zeit sehr beliebt waren, hat man diesen weichen Damenstiefel wohl der Kategorie der Jagdstiefel zuzuordnen.

Von der Reiterei der Zeit Ludwigs XIV. ging der unbequem schwere und steife Reitstiefel auf die reitenden Kuriere und Postillione über, denen sie auch noch zur Empirezeit verblieben. Noch um 1824 singt ein Schuh- und Stiefelmacher aus Ilmenau (Deutschland) dem aus «stärkstem Rindsleder» gefertigten «starken Stiefel» das Lob: «Diese Eigenschaft» – nämlich seine Stärke – «macht ihn jedem Reisenden zu Pferde, besonders den Postleuten, unschätzbar. Stürzt zum Beispiel ein Pferd, so ist der Reiter mit solchen Stiefeln ziemlich vor einem Beinbruch gesichert; hat er in der Hitze vielleicht ein Glas zuviel getrunken und kann nicht das Gleichgewicht behalten, so hat er beim Herabfallen nichts zu befürchten.»

Reiterstiefel mit Stulpe und hartem Schaft, 72 cm hoch, Frankreich, Anfang des 18. Jahrhunderts (links). Damenreitstiefel aus weichem Leder, schmale Form, Frankreich, um 1808 (Mitte). Postillionstiefel, Überstiefel, Chambéry (Wallis/Schweiz), um 1750 (rechts).

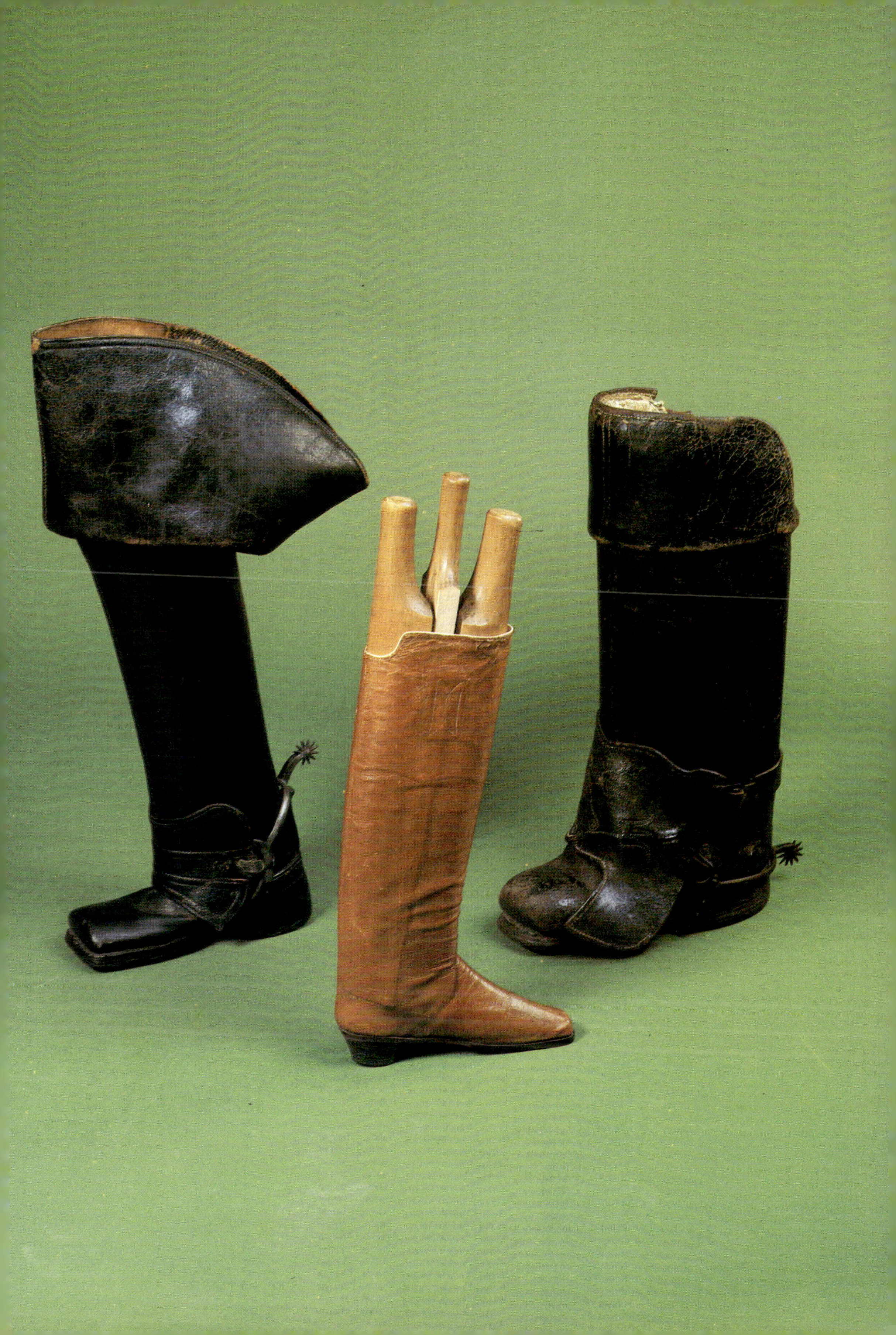

Überhohe Absätze für kokette Damen des Rokoko

Die Stilepoche des Rokoko, die den steifen, prunkvollen Barock abgelöst hat, gab dem Eleganten, Zierlichen und Galanten den Vorzug. Der neue Stil, der dem Namen nach auf das Verschnörkelte in der Kunst anspielt, kam unter Ludwig XV. (1715 bis 1774) in Frankreich auf. In Kunst und Mode war er zwar noch an höfische Tradition gebunden, liess jedoch bereits das neue, kommende bürgerliche Element erkennen.

Die Schuhe der Rokokodamen hatten den bekannten geschwungenen Stöckelabsatz, der bis heute «Louis-XV- oder französischer Absatz» genannt wird. Die Ferse wurde ganz hochgestellt und der Fuss so nach vorn gedrängt, dass die Zehen in der allzu scharfen Spitze zusammengepresst wurden. Der Schuh wurde aus Stoff, aus Seide und Leinen gefertigt, und wurde je nach Laune und Geschmack reich mit Stickereien verziert, denn der inzwischen ein wenig kürzer, gleichzeitig aber viel umfangreicher gewordene Reifrock liess ihn gut zur Geltung kommen. Gerne wurden breite Spangen angeschnitten, die meistens über einen aufstrebenden Ristlappen liefen. Über dem Rist selber wurde eine Schnalle oder Schleife befestigt, ein grundsätzlich auswechselbarer, auf das jeweils getragene Kleid abstimmbarer Schmuck, der den Schuh vorne zu schliessen schien. Kokettere Damen liessen die Fersennaht mit Diamanten oder Smaragden besetzen. Solche Schuhe nannte man «Venez-y voir», auf deutsch etwa: «Schau mich an.» Man kann sich wohl denken, dass es für Damen, die in die engen «Schneppen- oder Wespentaillen» eingeschnürt waren und turmhohe Frisuren zu balancieren hatten, eine schwierige Aufgabe war, sich in solchen Stöckelschuhen zu bewegen. An schnelles Gehen war überhaupt nicht zu denken. Das schöne Geschlecht ging darum recht selten oder nie aus. Der Zustand der Strassen erlaubte ja in der damaligen Zeit kaum ein vergnügliches Spazieren. Mussten die Damen aber ausgehen, so steckten sie ihre schmucken Schuhe, um sie vor Strassenschmutz zu schützen, vielfach in Überschuhe, deren gerade Sohle an der Stelle des Absatzes eine ihm entsprechende Höhlung besass.

Bereits in der Frühzeit seiner Regierung hatte Ludwig XIV. (1643 bis 1715) die Absätze seiner Schuhe mit rotem Leder überziehen lassen, eine Erfindung, die unter den Hofleuten ebenfalls Schule machte und bis zur Französischen Revolution als Standeszeichen des Hochadels galt. Vom eleganten, grünseidenen Schuh, der hier mit einem rotledrigen Absatz auftritt, weiss man, dass der Schuhmacher des Königs von Frankreich sein Künstler ist.

Damenschuh mit hohem Absatz, Wildleder mit dekorativen Elementen aus grüner Seide, England, um 1720 (oben).
Damenschuh mit mittelhohem Absatz, hellrote Seide mit Silberstickerei; dazu Überschuh mit Bindeflügeln aus Leder, Frankreich, um 1715 (rechts).
Damenschuh mit hohem Absatz, grüner Damast mit Stickerei, Frankreich, um 1730 (links).

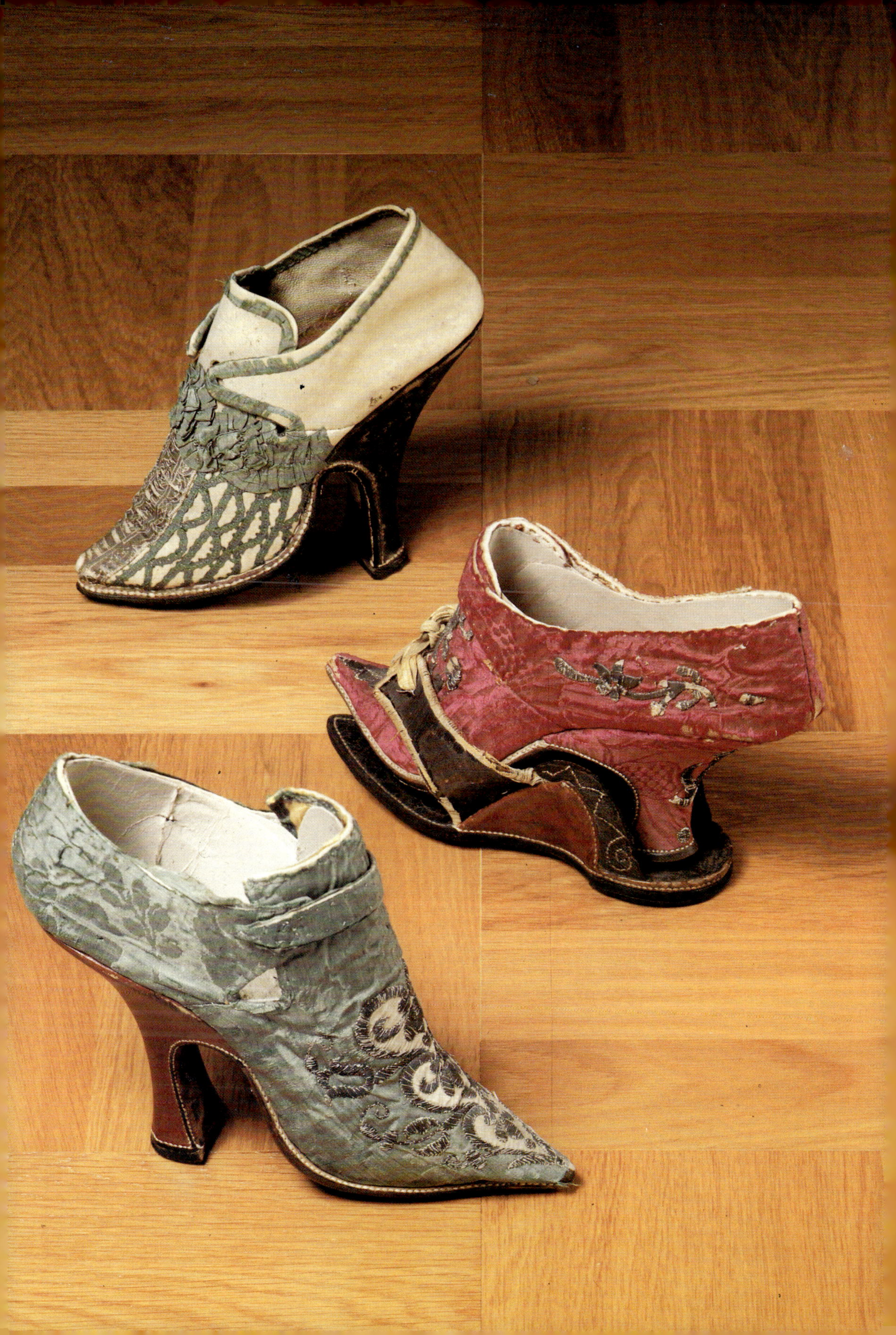

Bunte Herrenschuhe der Rokokozeit – zu tragen mit auffälligen Schnallen

Schuhe, wie sie hier im Bild erscheinen, sind auf Gemälden und Stichen der Zeit kaum auszumachen. Männer, ob Noble oder reiche Bürger, die zur engen Weste und zum frackähnlichen Leibrock, dem Justaucorps, seidene Kniehosen und helle Strümpfe tragen, bevorzugen zwar immer mehr diesen niedrigen, zumeist aus dunklem Leder und nur gelegentlich aus Seide gefertigten Schuh; das einzig Auffällige an ihnen ist aber die grosse Schnalle, die zur Zier auf dem Rist befestigt wird und jederzeit auswechselbar ist. Die Schnalle konnte so riesig gross sein, dass sie das Ristleder allzuschnell abscheuerte. Zum grossen Verdruss der Schuhsammler haben die fürstlichen und bürgerlichen Garderoben, in denen nebst Kleidern auch Schuhe die Zeiten überdauert haben, allzuoft nur schnallenlose Modelle der Nachwelt überliefert. Die ihnen einst zugehörigen Schnallen aber, nicht selten silbergeschmiedet und mit Edelsteinchen besetzt, hatten zusammen mit anderen Kostbarkeiten in Schmuckkästen ihren Aufbewahrungsort gefunden.

So luxuriös die Aufmachung dieser Schuhe – Damaststoff und wertvolle Schnallen – auch gewesen sein mag, ihre Form verrät bereits das Heraufkommen einer neuen Zeit, die durch bürgerliche Einfachheit geprägt sein wird. Obschon sich originale volkstümliche Gebrauchsschuhe kaum erhalten haben, lassen Schuhe des einfachen Mannes und der einfachen Frau, wie sie Maler des täglichen Lebens damals auf Bildern festgehalten haben, eine ähnliche Einfachheit und doch eine gewisse Eleganz der Form erkennen.

Der Aufwand, den die Rokokotoilette der Herren erforderte, war trotz dem Trend zu einer gewissen Einfachheit nicht klein; er übertraf jedenfalls sehr oft denjenigen ihrer weiblichen Partner. So wendete ein bekannter Graf, der nicht etwa in Paris, sondern auf dem Land lebte, für seine Toilette jährlich 20000 Francs auf, indes seine Gemahlin mit 6000 Francs auskam. Unter den kostspieligen Kleidergarnituren, die in Inventaren immer wieder erwähnt werden, befinden sich auch die Schuhschnallen. Ein Glücksritter wie Casanova vergisst sie jedenfalls nicht, wenn er die Rechnung für den Anzug macht, den er sich für den Besuch eines Festes in Lyon 1766 bereitstellen liess: Hübsche 150000 Francs hatte ihn diese festliche Toilette gekostet.

Herrenschuhe mit breiter Spange und niedrigem Keilabsatz, Seide bestickt, Marseille, um 1750 (oben und unten).

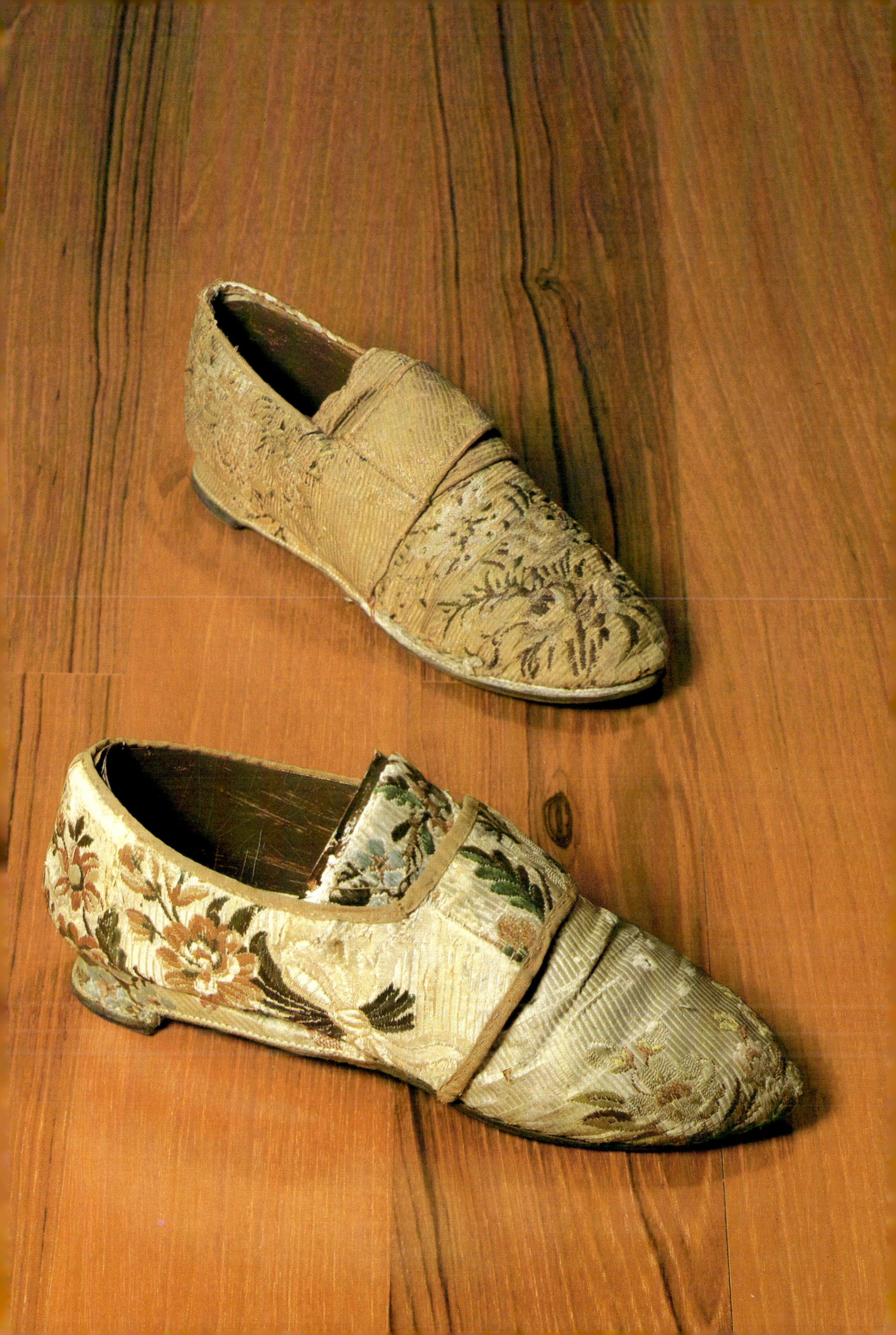

Der Schuster um 1750 – das Bild eines Berufes

Das Blatt, das ein Kupferstecher um 1750 im Auftrag eines Augsburger Verlages geschaffen hat, ist vergnüglich und lehrreich zugleich. Handwerkerdarstellungen waren im 18. Jahrhundert sehr beliebt; in Kupferstichserien kamen fast alle «Künste, Handwerke und Professionen», die damals bekannt waren, zur Darstellung. Im Stil der Aufklärer beschäftigten sich von der Mitte des Jahrhunderts an auch die französischen Enzyklopädisten mit dem Handwerk des Schuhmachers. An praktischen Dingen mehr interessiert als an theoretischen, beschrieben sie die wichtigsten Schuhtypen von damals und ihre Herstellungsweisen, liessen das reichhaltige Werkzeugarsenal des Schusters Revue passieren und sparten nicht mit Ratschlägen, wenn es um die Auswahl der Materialien oder um die zweckmässigste Ordnung der Werkstatt ging. Nahmen sich ihre Schriften wie Lehrbücher der einzelnen Handwerkstechniken aus, so hatten es Veröffentlichungen wie diejenigen aus Augsburg eher auf vergnügliche Unterrichtung als auf eigentliche Belehrung abgesehen.

So beherrschend die Figur des Schusters im Bild erscheint, dem Künstler lag es wohl nicht daran, die Person des Schusters zu Ehren zu bringen. Wichtiger sind ihm der Beruf und das Handwerk des Schuhmachers. Seine Erzeugnisse und seine Werkzeuge beschäftigen das Auge des Betrachters mehr als seine Kleidung und seine Perücke, die ihn zu einem ganz standesbewussten Mann der Rokokozeit stempeln. Dem Schuhmacher fällt die Rolle einer Standpuppe zu, der man auf skurrile Art alles anhängt, was es zum Thema seines Berufes «anzupreisen» gibt. So muss er es sich gefallen lassen, dass der zeitgemässe Dreispitz zur Zier Ledermesser und Feilen aufgesetzt erhält, dass verschiedene Ahlen im einen Ärmelaufschlag seines modischen Leibrockes stekken und dass je eine Zwick- und Beisszange das Ristleder von starken Stulpstiefeln kniffen, die der Schuster, falls er diesem Spezialgebiet zugetan war, zwar herstellte, aber kaum je einmal selber trug. Am Massband, das er sich um den Hals gelegt hat, baumelt der unentbehrliche hölzerne Leisten; in der rechten Hand schwingt er als Zeichen seiner Macht die Masslade, während er mit der Linken den Rohstoff, das Leder, hisst. Am Knieriemen, den er als Gurt benützt, sind die Werke seiner Hände, zum Teil in grotesker Verkleinerung, festgemacht: Halbschuhe, Pantoffeln und Stiefel, Schuhe für Männer, Frauen und Kinder, die einen aus Leder, andere aus bunter Seide.

Ganz in den Hintergrund gerückt ist die Werkstatt selber; sie ist nur Staffage. Immerhin macht die Darstellung deutlich, dass der Arbeitsplatz des Meisters und des Gesellen vom Verkaufsraum getrennt ist.

Kolorierter Stich «Un Cordonnier/Ein Schuster», Verlag M. Engelbrecht, Augsburg, um 1750.

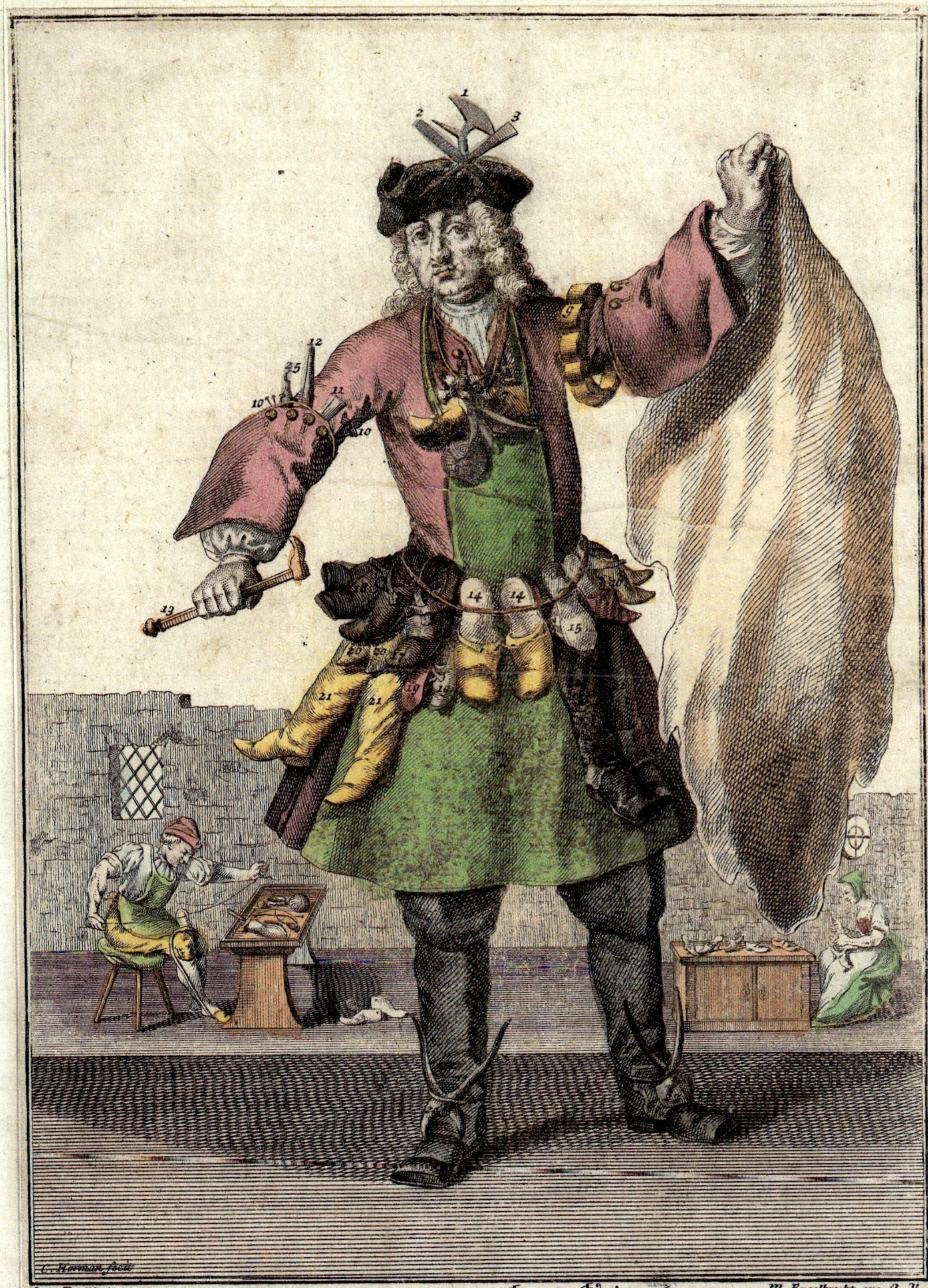

Cum Pr. Maj. M. Engelbrecht exc. A. V.

Un Cordonnier. Ein Schüester.

1. un Couteau à pie. 1. ein Zuschneidmeßer. 2. une rape. 2. eine Raspel. 3. un fusil. 3. ein Stahl. 4. tenailles. 4. ein Kneip. 5. un marteau. 5. ein Hamer. 6. ein fümel Holtz: 6. une polissoir. 7. une forme. 7. ein Leist. 8. pelotte de fil. 8. ein knaül Garn. 9. talons. 9. Absätze. 10. broquettes. 10. aufzwickh Zweck. 11. os à polir. 11. ein reib Knochen. 12. le boüis à polir. 12. ein glätt Holtz. 13. mesure. 13. ein maaß Rahm. 14. pantouffles d'homes. 14. Mäner Pantoffel. 15. pour femes. 15. d.^to vor Fraüen. 16. Souliers de femes. 16. Weiber Schüeh. 17. Souliers d'homes. 17. Mans Schüeh. 18. d'un autre mode. 18. d.^to auf andre Art. 19. Souliers d'enfants. 19. Kinder Schüeh. 20. pantouffles de filles bordées. 20. Jungf: Pantoffel bordiert. 21. bottines à la mode d' hongrie. 21. Ungarische Zischmen. 22. une paire de bottes. 22. ein paar Stieffel. 23. Tenailles à pier. 23. ein Fälß Zang. 24. pinces. 24. eine Beiß Zang. 25. une aleine. 25. eine Schüeh = Ahl.

Die Schusterin um 1750 – in der Rolle der Schuhverkäuferin

Das Blatt gehört wie das vorangehende zu einer Folge von Kupferstichen, die «Künstler, Handwerker und Professionen» darstellen. Der Augsburger Verlag, der die Bildserie Kupferstechern in Auftrag gegeben hat, liess es sich nicht entgehen, auch der Schusterin ein Blatt zu widmen. Mit Recht, denn schon auf alten Darstellungen – sehr deutlich auf Holzschnitten des 16. Jahrhunderts – steht die Meistersfrau am breiten Fenster, das zur Strasse hin geöffnet ist, und bedient die Kunden, die sich vor ihm einfinden. Sie übernimmt in der grösseren Schuhmacherwerkstatt die wichtige Aufgabe des Verkaufes der bereits in kleineren Serien vorgefertigten Schuhe. Sie ist es, die das mehr und mehr von der Werkstatt räumlich abgesonderte Verkaufslokal überwacht.

Es wäre wohl verfehlt zu glauben, die Schusterin habe die Lade kurzerhand aus der Fensteröffnung herausgehoben und sie, mit wohlfeilen und aparten Schuhen beladen, auf den Markt oder, wie das Bild vorgibt, in eine überaus karge, von Gott und Menschen verlassene Landschaft hinausgetragen. Einmal mehr hat sich der Zeichner und Kupferstecher mit der Person, die er auftreten lässt, einen kleinen Scherz erlaubt. Grotesk ist im Falle unserer anmutigen Schusterin nicht so sehr ihre festliche Aufmachung, sondern die wirklichkeitsfremde Umgebung, die zum Ort des Schuhverkaufes wird. Dass die Frau eines Schuhmachermeisters hausieren ging, war nämlich in dieser Zeit, als die Zünfte noch herrschten, nicht bloss verpönt, sondern untersagt. Als Verkäuferin hatte sie ihren Platz in der Werkstatt selber.

Die Schuhtypen, die sie ihren Kunden präsentierte, reichten von harten Stiefeln über lederne und seidene Halbschuhe bis zu koketten Pantoffeln und niedlichen Kinderschuhen. Männer, Frauen und Kinder fanden da alles, was ihren Augen gefiel und ihren Füssen mehr oder minder behagte.

Der sehr weite Reifrock, die Schneppentaille, die gepufften Oberärmel, der schmucke Strohhut und die unter dem Rocksaum herausragenden Spitzen gelbseidener Schuhe zeigen, dass Frau Meisterin sich der Würde ihres Berufes bewusst war und ihrem Stand Ehre zu machen wusste. Über das menschliche Los, das der Schustersfrau in dieser Zeit beschieden war, wissen Geschichten und Geschichtchen gar manches – Wahres und auch bloss Erfundenes – zu berichten. Nicht nur die vom allzu galanten Kunden umworbene schöne Schuhmacherin, auch der Meister, der mit allzu dienstfertiger Hand die Masslade an das zarte Füsschen der schönen Kundin legt, hat die Phantasie mancher Künstler sehr belebt.

Kolorierter Stich «Une Cordonnière/Eine Schusterin»,
Verlag M. Engelbrecht, Augsburg, um 1750.

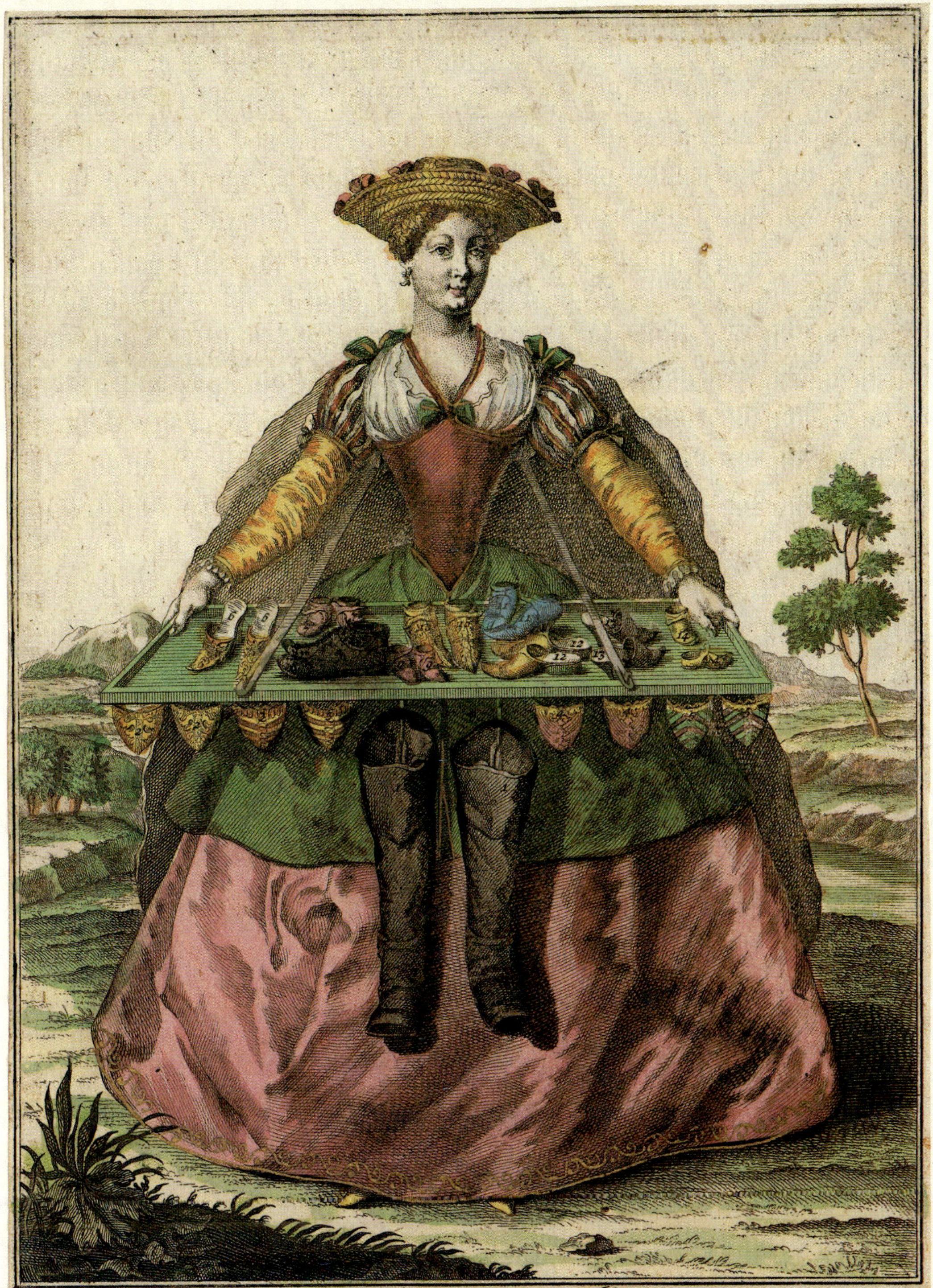

Une Cordonniére. Eine Schüsterin.

1. une paire de bottes. 1. ein paar Stieffel. 2. pantoufles de femes brodées. 2. gestickte Frauens. Pantoffel. 3. avec falbala. 3. mit Falblen Pantoffel. 4. pantouffles piquées. 4. abgenehte Pantoffel. 5. pantouffles de cuir de veau. 5. gedrückte lederne Pantoffel. 6. pantouffles de fille brodées. 6. gestickte Jungfr. Pantoffel. 7. Souliers d'Enfans. 7. Kinder Schüeh. 8. Souliers d'hommes. 8. Männer Schüeh. 9. Souliers de jeunes filles. 9. Mägdlen Schüeh. 10. Souliers de femmes brodés. 10. gestickte Frauens. Schüeh. 11. Souliers avec bord. 11. bordierte Schüeh. 12. pantouffles d'hommes. 12. Männer Pantoffel. 13. pantouffles pour Servantes. 13. Mägde Pantoffel. 14. Souliers d'Enfans. 14. Kinder Schüeh.

Cum Priv. Maj. M. Engelbrecht exc. A.V.

Pantoffeln für kokette Damen der galanten Zeit

Der Gang durch die Strassen der Stadt galt in der damaligen Zeit als wenig vergnüglich, das Spazierengehen im Freien als unnütz, dem Temperament der Frauen abträglich und ihre Ideen verwirrend. So ging das schöne Geschlecht nur selten oder gar nie aus. Die Welt, in der die Damen lebten und sich bewegten, war das Haus mit all seinen Gemächern, Kammern und Salons. Als ungemein praktischer und zugleich attraktiver Schuh bot sich da der fersenfreie Pantoffel mit elegant geschweiftem Absatz an. Er durfte aus Leder gefertigt sein, musste aber deswegen auf elegante Form und Schmuck keineswegs verzichten. Auf Hofbällen und bei anderen festlichen Anlässen hatte er aber nichts zu suchen.

Die Maler des Rokokos wurden nicht müde, den Reiz dieser leichten Pantoffeln zu schildern. So hat der Franzose Quentin-de la Tour auf einem Pastellgemälde von 1755 die Marquise de Pompadour, die politisch und modisch einflussreiche Favoritin von König Ludwig XV., in einer sehr weiten «Robe d'Intérieur» aus Lyoner Seide festgehalten und dabei auch dem Spiel ihrer Füsse, die mit reizvollen «Mules» bekleidet waren, das gebührende Augenmerk geschenkt. Den bekannten französischen Kupferstechern Baudoin und Moreau dem Jüngeren war es gar vergönnt, bis in die Boudoirs nobler Schönheiten vorzudringen und dort auch intimeren Geschehnissen nachzuspüren; und auch ihnen blieben die zierlichen Pantöffelchen nie verborgen. Im kokettierenden Spiel der Rokokodamen fiel ihnen, so muss man fast annehmen, eine nicht ganz unbedeutende Rolle zu. Und was das starke Geschlecht betrifft, so schienen gar manche seiner Vertreter nicht ganz unberührt zu sein vom Reiz solcher Schuhe. Sehr verständlich, wenn man von Madame d'Aunoy («Mémoires sur l'Espagne») erfährt, dass ausser der letzten Gunstbezeugung keine so gross war, als wenn die Geliebte ihrem Liebhaber die Füsse zeigte. Der Fuss, der Schuh, so meint sie gar, sei das Echo der ganzen Frau.

Damenpantoffeln aus Leder mit bestickten Vorderteilen, Louis-XV-Absätze, 5,5 bis 9 cm hoch, Frankreich, 1730 bis 1750.

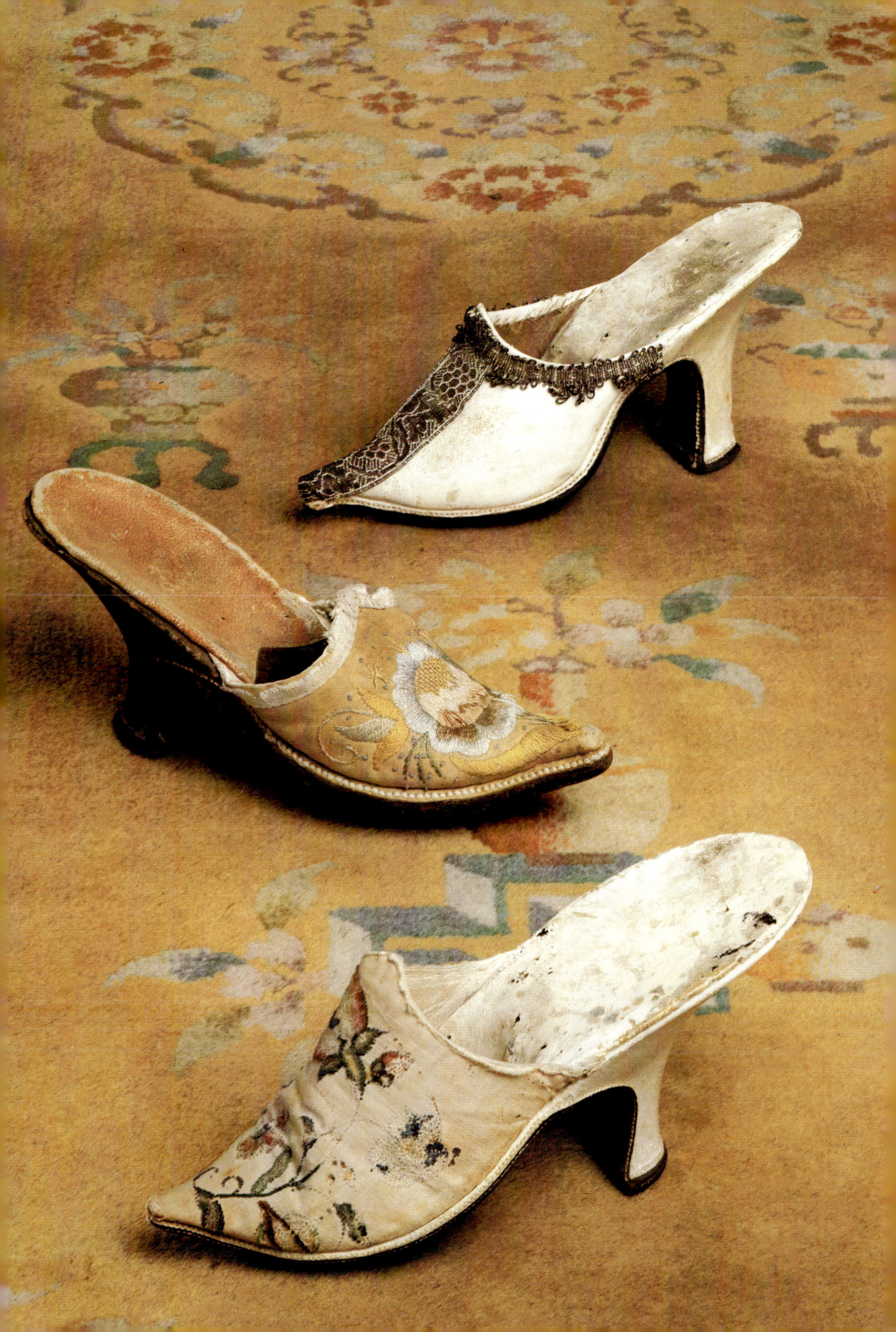

Glückverheissende Pantoffeln aus Delft

Ein halbes Jahrhundert bevor Johann Friedrich Böttger durch Zufall mit der Porzellanerde bekannt wurde und Meissener Porzellan den europäischen Markt zu erobern begann, hatten Delfter «Plateelbakkers» versucht, das in Europa schon lange bekannte und hochgeschätzte chinesische Porzellan nachzuahmen. Um der ausserordentlichen Konkurrenz Chinas die Stirne bieten zu können, gebrauchten sie den Ausdruck «Porzellan», obschon es ihnen nie glückte, mehr als Fayence herzustellen. Trotzdem erregten die Stücke, die in der Blütezeit der Delfter Fayenceindustrie (im 17. und 18. Jahrhundert) ihre Werkstätten verliessen, Aufsehen in ganz Europa. Bewundert wurde diese Fayence, weil sie niemals kalt wirkt, selbst wenn man ihr durch Beimischung von Blau und Weiss den harten Porzellancharakter zu geben trachtete. Fasziniert war man auch von der Bemalung mit Blumen, Tieren und Menschen, die zu atmen und zu leben scheinen und nie aufdringlich und protzig wirken.

Aus frühdatierten holländischen Inventaren geht hervor, dass Delft schon 1662 und 1663 «porzeleyne schoentjes und schoenen» geliefert hat. Im 18. Jahrhundert werden Fayenceateliers in verschiedenen Ländern Europas, vorab in Frankreich, und auch die eben entstandenen Porzellanfabriken solche Schuhe modellieren und auf den Markt bringen. Das Material war für Produkte dieser Art wie gemacht; aus ihm liessen sich Rokokoschuhe in ihrer ganzen Verspieltheit und bizarren Schönheit formen.

So verwundert es nicht, dass auch der zierliche Damenpantoffel des Rokokos, vom Märchenerzähler Ch. Perrault und seinem «Aschenbrödel» (1697) als besonderer Schuh in Erinnerung gerufen, nicht allzu lange nur in Leder und Seide verharren musste, sondern recht bald und eindrücklich zu Fayence- und Porzellanehren kam. Der Schuh, der schon in frühgeschichtlicher Zeit das Ansehen eines glückverheissenden Zeichens genoss, sollte hier als Zeichen nochmals zu Ehren kommen. Sein ursprünglichster Sinn war zwar schon lange der Vergessenheit anheimgefallen, aber etwas vom Liebeszauber, der ihm einst angehaftet hatte, schienen auch die leichtlebigen Rokokomenschen noch ein wenig zu erahnen, vor allem die Verliebten, die im Geschenk solcher Schuhe das Glück in greifbare Nähe gerückt sahen.

«Schoentjes», Fayence-Pantoffeln mit blau-weissem Dekor, Delft, Mitte des 18. Jahrhunderts.

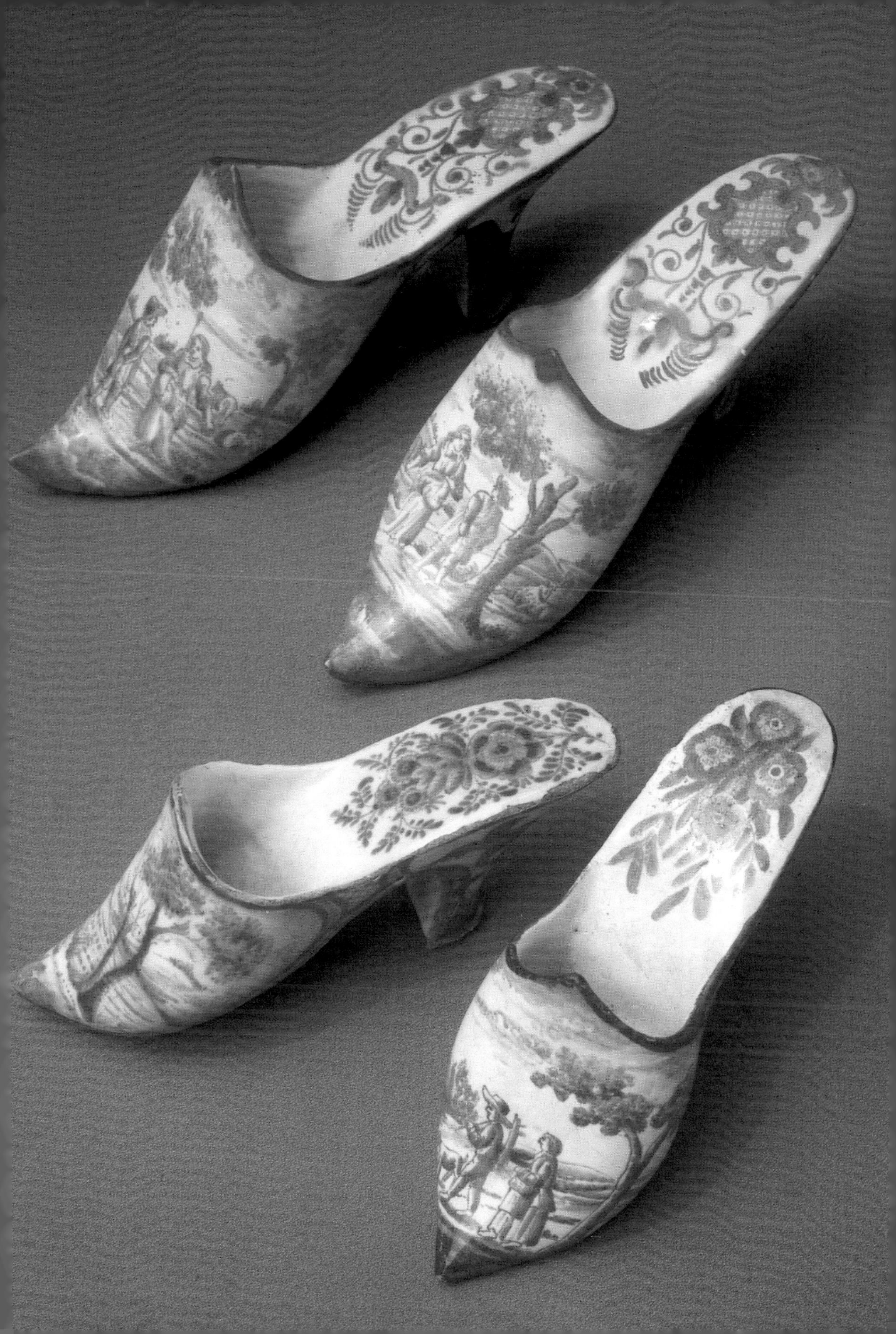

Füsse so zart und fein wie Aschenbrödel

Kleine Damenfüsse hatten es in sich, nicht erst gegen Ende des 18. Jahrhunderts. Schon der von der spanischen Mode diktierte Damenschuh der Spätrenaissance war durch seine schmale und kurze Form aufgefallen. Der zu Beginn des 17. Jahrhunderts dem Schuh bescherte Absatz verwischte zwar zunächst den Eindruck von Enge und Kleinheit, seine stark nach vorne gerückte Stellung und seine wachsende Höhe bewirkten aber doch wieder eine Verkürzung der Silhouette. Im späteren Rokoko, in der Stilperiode, die ungefähr in die Regierungszeit von König Ludwig XVI. fällt und in Deutschland Zopfzeit genannt wird, kam die schmale und kurze Form des Damenschuhs wieder voll zur Geltung. Zwar hatte man den Damen, in denen der Elan und die Anmut des Rokokos noch nicht verblassen wollten, vorerst den Absatz, wenn auch in deutlich niedrigerer Form, noch zugestanden, aber dem neuen Geist, welcher, der Künstlichkeit und Dekadenz der Rokokozeit überdrüssig, ein neues, unmittelbareres Verhältnis zum Leben suchte, musste ihr Schuh doch schon einen Tribut bezahlen: Einfachheit war nun das Gebot der Zeit. Die Schnallen mussten verschwinden; ihren Platz nahmen jetzt einfachere Maschen ein. Der Französischen Revolution war es dann vorbehalten, auch dem übriggebliebenen Absatz noch den Garaus zu machen. Die wirren Zeiten überdauert hat aber der zarte, unnatürlich kleine Frauenfuss.

Sicher war es nicht der Märchenerzähler Charles Perrault (1628 bis 1703), der mit seinem wunderschönen Märchen «Aschenbrödel» die Mädchen und Frauen erstmals zur Torheit dieses allzu kleinen Fusses verleitet hat. Schon die Ahnen seiner Zeitgenossen waren davon überzeugt gewesen, dass frauliche Schönheit sich in zarten Füssen vollendet. So musste denn seine Heldin Cendrillon (Aschenbrödel) ganz kleine Füsse haben, da sie ja tausendmal schöner war als ihre Schwestern. Was wundert es da, dass der zierliche, reich bestickte und mit Perlen übersäte Pantoffel, den der Stab der Fee hervorgezaubert hatte, an keinen anderen Fuss als den ihren passen wollte. Da dem Prinzen im Märchen aber gerade diese Schöne gehören sollte, konnte nur ihr kleiner Pantoffel ihm den Weg zu ihr öffnen. Das Märchen vom Aschenbrödel sagte das aus, was Mädchen und Frauen nur dachten und sich insgeheim wünschten: Ein kleines und zartes Füsschen macht eine Frau erst schön und begehrenswert. Die Schmerzen, die für so viel Schönheit zu bezahlen waren, nahmen sie geduldig auf sich.

Damenschuh aus blau-weiss gestreiftem Gewebe
mit gleichfarbiger Stoffmasche, Louis-XV-Absatz, 5 cm hoch,
Frankreich, um 1770 (oben).
Damenschuh aus blau-beigem Seidengewebe
mit veilchenblauer Masche, Louis-XV-Absatz, 4 cm hoch,
Frankreich, um 1780 (Mitte).
Damenschuh aus schwarzer Seide
mit lila-schwarzer Rosette, ohne Absatz,
Zürich, um 1820 (unten).

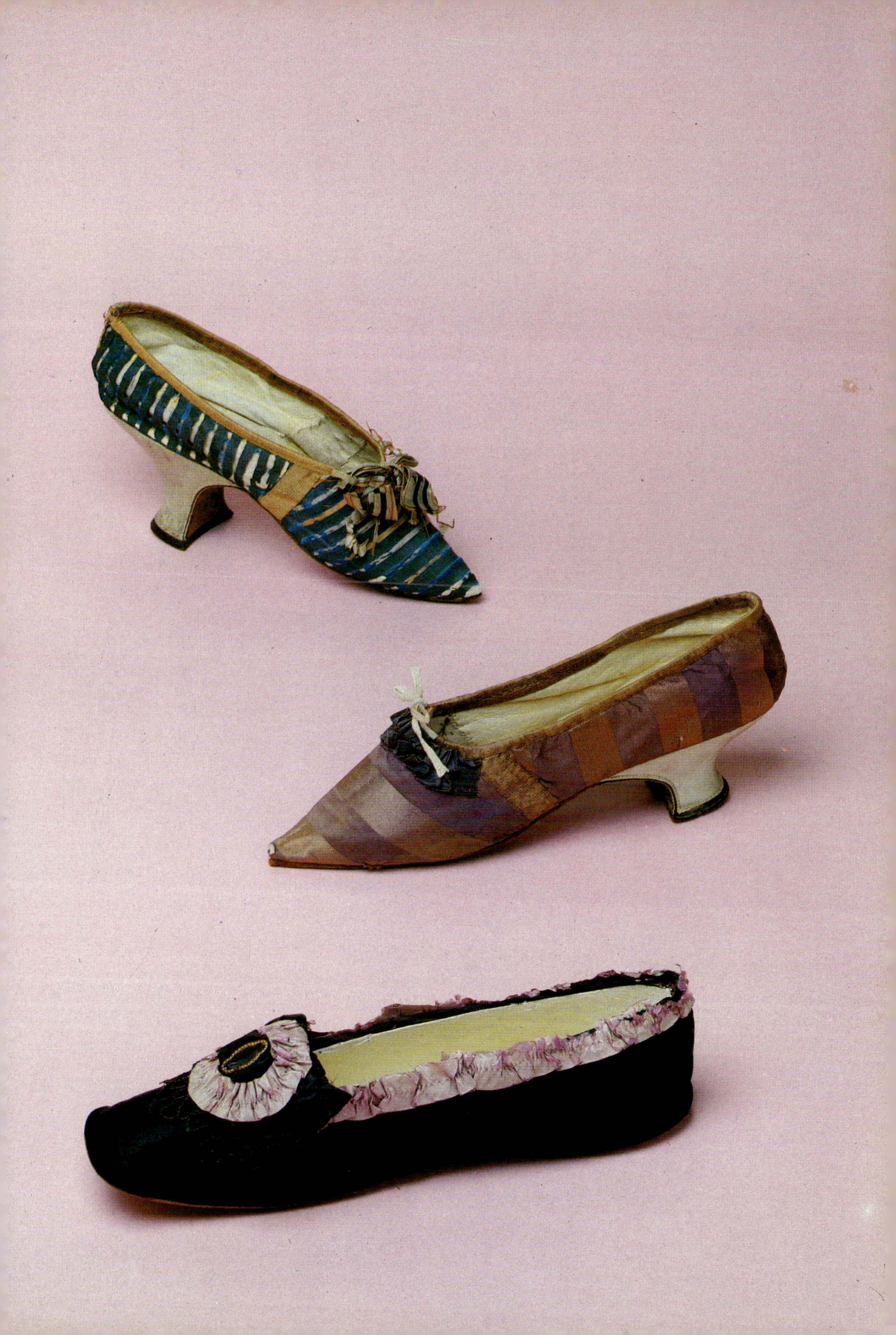

Junger Wandersmann – wo drückt dich der Schuh?

Der breitrandige, runde Hut und der Regenschirm unter seinem rechten Arm verraten, dass der junge Mann unterwegs ist. Im Unterschied zum schönen Geschlecht seiner Zeit, das eher Neigung hatte, das Haus und seine Räume zu hüten, und dem Spazieren im Freien nur wenig Geschmack abzugewinnen verstand, lockte es den Mann, aus beruflichen oder anderen ehrenwerten Gründen, hinaus. Waren die Wegstrecken länger, so reisten wohlhabendere Leute zu Pferd oder in der Kutsche; den weniger Begüterten, den Handwerkern, Gesellen, Spielleuten, Pilgern und Bettlern jedoch blieb nichts anderes übrig, als auf Schusters Rappen an ihr Reiseziel zu gelangen. Aber anders als die edlen Reitpferde, die man in dieser bekannten Redeweise humorvoll dem Schutzpatron der Schuhmacher, dem heiligen Crispin, unterschob, waren die Rappen dieser Männer bloss lederne Fusshüllen, die so eigenwillig gebaut waren, dass sie dem Wanderer weniger zur Hilfe als zur Not wurden. Die Kniehosen und der Frack mochten sitzen und ihn zu einem gemachten Mann stempeln, seine Schuhe waren jedenfalls entweder zu eng oder zu weit und liessen ihn das Ende der Reise stets mit Ungeduld erwarten. «Dieser Schuh drückt jeden», hörte man sie dann sagen, und gemeint war ein allgemeines Übel.

«Kleider machen Leute.» Der Spruch galt schon damals und wurde insbesondere vom männlichen Geschlecht sehr beherzigt. Dass gutes Schuhwerk dabei nicht ausgenommen war, beweisen viele alte Redensarten, wie: «Schlecht Schuhzeug entstellt den gemeinen Mann.» «Schlechte Schuhe verderben den schönsten Anzug.» «Zu feinen Schuhen passt kein grober Rock.»

Wer einem Mann begegnete, der zerrissene Schuhe trug und seine missliche materielle Lage auf diese Weise zu erkennen gab, der konnte sich halb mitleidig, halb schadenfreudig eingestehen: «In seinen Schuhen möchte ich nicht stecken.»

Die sehr kluge Erkenntnis, dass, wer an seinen Schuhen spart, seinem Arzt einen guten Wechsel ausstellt, hat in einem Sprichwort beredten Ausdruck gefunden: «Besser dem Schuhmacher als dem Apotheker.» Doch auch den anderen Spruch kannten diese Männer wohl und dachten dabei an ihre eigene Trinkfestigkeit: «Er kann einen guten Stiefel vertragen.»

Porzellanfigur, Manufaktur von Wallendorf (Thüringen), um 1775.

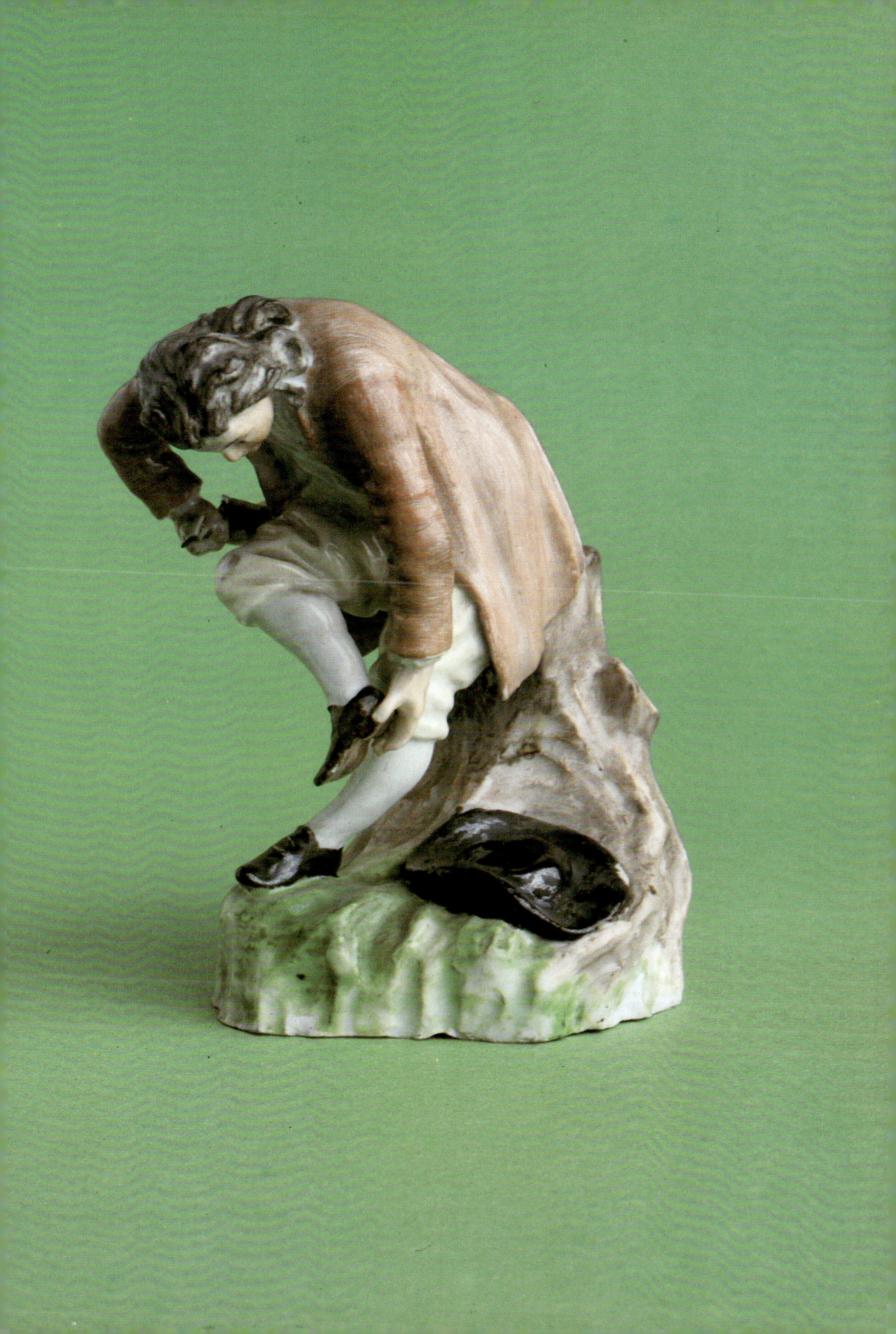

Kirchliche Schuhe aus neuerer Zeit

Der Pontifikalschuh, den hohe Würdenträger der römisch-katholischen Kirche (Äbte, Bischöfe und Papst) bei feierlichen Gottesdiensten tragen, hat nach vereinzelten Eskapaden in fremde Bekleidungsstile im Hochmittelalter und in der Renaissance (siehe Bischofsschuh von Stephen Langton) wieder zurückgefunden zur einheitlichen Form des römischen Schuhes. Wie ehedem besitzt dieser Schuh einen Hinterteil mit Seitenklappen, die über dem Rist mit einem Band geschnürt werden; der vordere Teil des Schaftes, aus einem Stück gearbeitet, bedeckt jetzt den ganzen Vorderfuss. Als traditionell römisch, im Sinne von frühchristlich-byzantinisch, kann man auch die Ornamentik auf dem Vorderschuh bezeichnen, indem hier, wie schon im Frühmittelalter, mit Vorliebe das griechische Kreuz in irgendwelcher Stilisierung als Motiv gewählt wird. Die Farben, die bei Pontifikalschuhen seit dem 12. Jahrhundert vorherrschend sind, markieren keine Standesunterschiede mehr, sondern sind in ihrer Verwendung an allgemeine liturgische Regeln gebunden, die neben dem sehr geläufigen Weiss und Rot für gewisse Tage im Jahreskreis auch grüne und violette Farbtöne zulassen.

Der prominentere der beiden Schuhe, die hier im Bild erscheinen, ist der aus rotem Filz zugeschnittene und mit Goldborten versehene Pantoffel, dessen Besitzer, wie der Goldaufdruck auf dem Etui verrät, Papst Pius VII. war. Er trug die Tiara von 1800 bis 1823 und ist als Wiederhersteller des Kirchenstaates in die Geschichte eingegangen. Um diesen im vollen Umfang zurückzuerhalten, war er bereit, nach Paris zu reisen, um am 2. Dezember 1804 in der Kathedrale Notre-Dame bei der Krönung Napoleons I. zum Kaiser der Franzosen mitzuwirken. Napoleon krönte sich und seine Gemahlin Josephine nach vorangegangener Salbung durch den Papst kraft eigener Machtvollkommenheit und in bewusstem Gegensatz zu der fast genau 1000 Jahre zuvor vom Papst vollzogenen Krönung Karls des Grossen in Rom.

Vom Pantoffel ist bekannt, dass ihn der Papst bei den Krönungsfeierlichkeiten getragen hat und ihn anschliessend dem savoyischen Arzt, von dem er auf seiner Durchreise ärztliche Hilfe empfangen hatte, zum Geschenk gemacht hat.

Der weisse Seidenpantoffel, der sich äusserlich kaum vom Papstschuh unterscheidet, wird einem Bischof zugeschrieben, der Ende des 18. Jahrhunderts in Chur residiert hat.

Pantoffel aus rotem Filz,
getragen von Papst Pius VII. anlässlich der Krönung
Napoleons I. zum Kaiser in Paris, 1804 (unten).
Pantoffel aus weisser Seide, Pontifikalschuh des Bischofs von Chur (Schweiz),
Ende des 18. Jahrhunderts (oben).

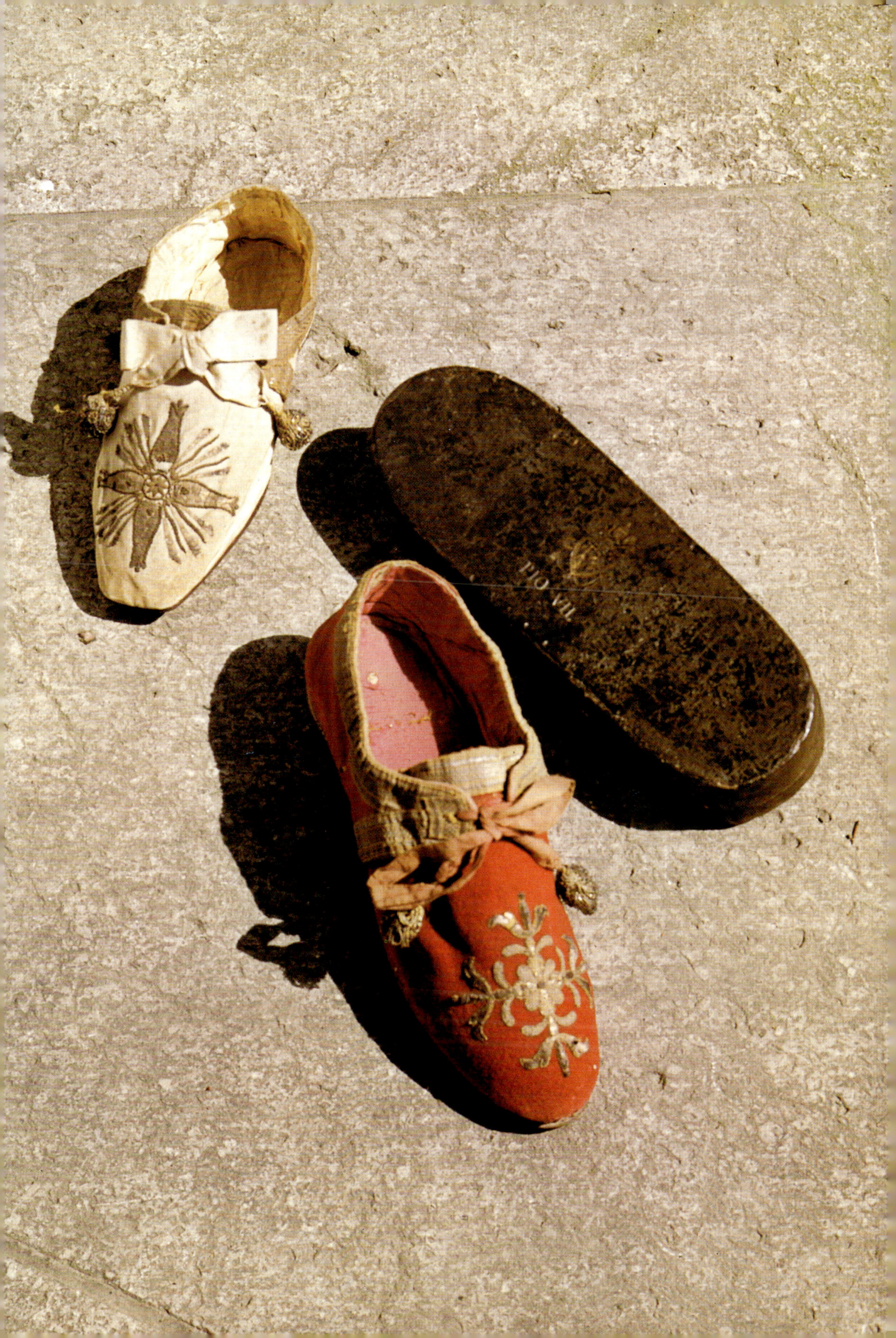
PIO VII

Herrenschuhe mit Charme

Ein sehr selbstbewusster, reicher Bürger muss es gewesen sein, der – ganz im Stile eines Rokokokavaliers – zu seidenen Kniehosen und hellen Strümpfen einen so feinen, eleganten und reich bestickten Seidenschuh getragen hat. Noch orientiert sich die Mode, der auch ein standesbewusster Bürger gerecht zu werden sucht, an Stilelementen, die höfischer Tradition sind, doch in Einzelheiten kündigt sich bereits das Kommen einer neuen Zeit an. Die kostbare Schnalle hat der einfacheren Schleife Platz gemacht, und die Höhenmasse des Absatzes sind viel bescheidener geworden. Nur wenige Jahrzehnte sind diesem charmanten Herrenschuh noch gegönnt, dann wird er endgültig abtreten müssen.

Ein Herrenschuh der charmanten Art wird aber die Jahre der Revolution schadlos überdauern und dann erst noch Triumphe feiern. Schon im 18. Jahrhundert, als er in dieser Form erstmals auftauchte, war er allein für den Hausgebrauch gedacht, darum aus besonders weichem Material gefertigt und sehr flach gehalten. Man zog sich solche Schuhe nicht an, man schlüpfte vielmehr hinein. Dies mag einer der Gründe sein, warum ihm die Bezeichnung Pantoffel – ursprünglich nur dem fersenfreien Schuh vorbehalten – zugeeignet wurde. Ein weiterer Grund: Wer sich solcher Pantoffeln bediente, gab zu erkennen, dass er sich den ungeschriebenen Gesetzen der Häuslichkeit unterzuordnen gewillt war. Als Zeichen häuslicher Macht galt aber zu dieser Zeit ein anderer Schuh, der auch Pantoffel hiess – gemeint war der Schuh der lieben Ehepartnerin.

Zu Beginn des 19. Jahrhunderts erinnerte man sich in Kreisen, die an Ausgefallenem ihre besondere Freude hatten, eines türkischen Brauches, der dem Pantoffel eine besondere Rolle in Herzensangelegenheiten zugedacht hatte. Wollte nämlich eine Türkin mit ihrem Mann sprechen, so zog sie ihre Pantoffeln aus und liess sie ihm durch eine Sklavin überbringen. Das hiess: Komm schnell, mein Herr, deine Geliebte hofft voll Sehnsucht auf dich. Die Idee war reizend genug, um auch von den aufgeklärten Europäern, wenn auch leicht abgewandelt, übernommen zu werden. Modezeitschriften griffen sie geschäftstüchtig auf und versorgten ihre jungen Leserinnen mit Anleitungen für Stickarbeiten und mit Mustern, die sie, wenn sie einmal ausgeführt waren, auf weichledrigen Herrenschuhen anzubringen hatten. Überbringer der sehnsuchtsvollen Botschaft musste so nicht mehr der eigene Pantoffel sein, ihre «Handschrift» auf dem Pantoffelgeschenk erfüllte den Zweck vollauf. Der Empfänger wusste Bescheid: Der Pantoffel war eine freundliche, aber sehr bestimmte Einladung, die Absenderin recht bald mit einem Besuch zu beehren. Konnte sich der Beschenkte dazu entschliessen, in das holde Geschenk «einzusteigen», so war, wie man damals weitherum glaubte, der erste Schritt ins häusliche Leben bereits getan.

Herrenschuh aus lilafarbenem Seidengewebe
mit Metallstickerei und Seidenschleife, einfacher 2 cm hoher Absatz,
Deutschland, um 1760 (oben).
Herrenpantoffel mit farbig gesticktem Oberteil,
einfacher 3 cm hoher Absatz,
Frankreich, um 1810 (unten).

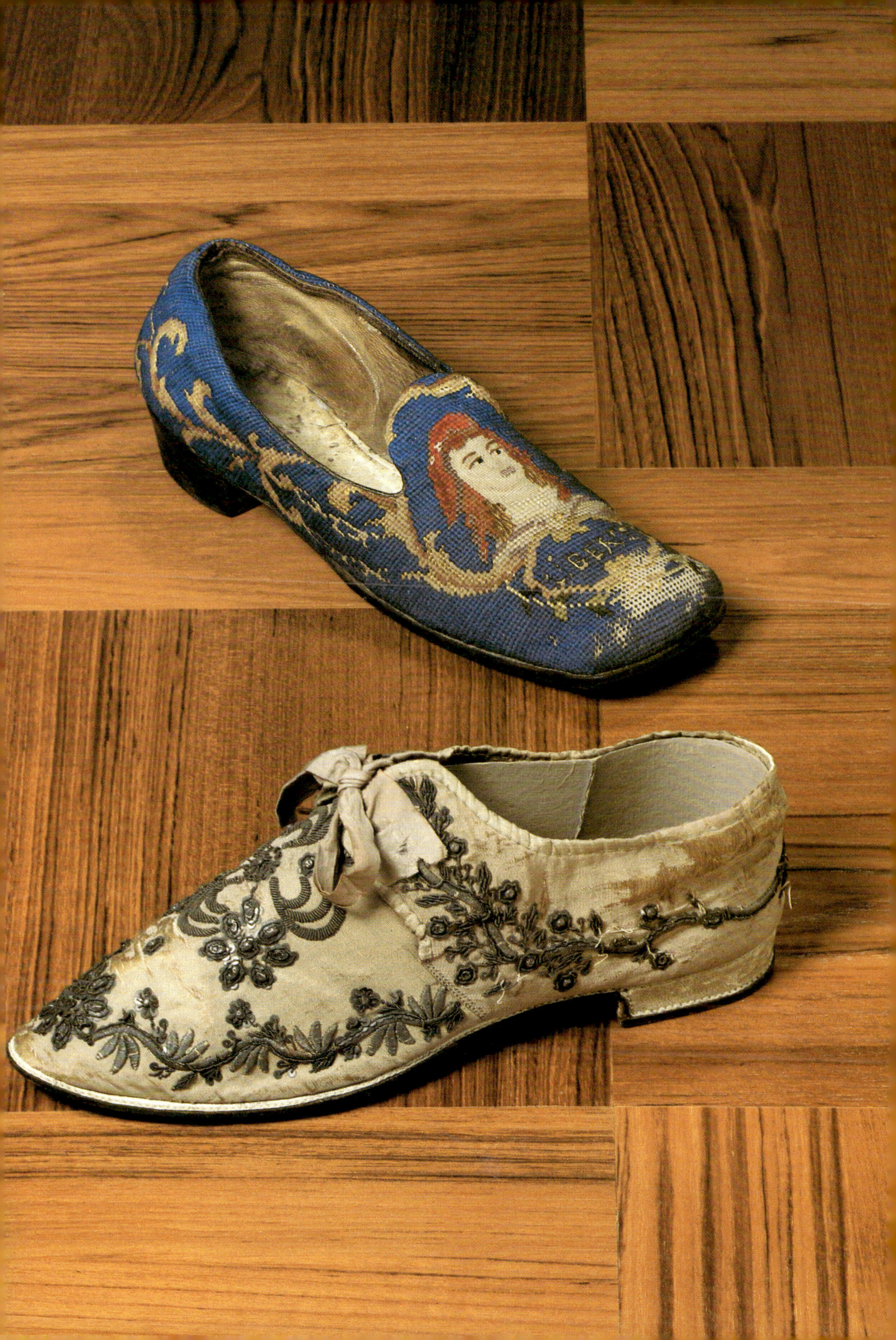

Behagliche Pantoffeln – ein Weihnachtsgeschenk für Johann Wolfgang von Goethe

«Suleika» ist in persischer Schrift auf die Pantoffeln gestickt. Hinter diesem Namen verbirgt sich Marianne von Willemer, die zu Goethe in ein so herzliches Verhältnis treten durfte, dass sie sogar in die Sammlung des «Westöstlichen Divans» mit wundersam zarten Gedichten Aufnahme gefunden hat. Von den Pantoffeln, die sie ihrem Freund zu Weihnachten schenken will, und von der heimlichen Vorbereitung der Sendung, die den Empfänger überraschen soll, ist in zwei Briefen die Rede, die Marianne von Willemer an seinen Sohn August gerichtet hat und die sie unter dem Decknamen «das Christkind» schreibt.

«Ich bin willens, Deinem Vater ein Paar Pantoffeln aus dem Himmel mitzubringen, und obschon die heilige Catarina und Theresia sich recht gerne der Arbeit unterziehen wollen, so ist es ihnen doch durchaus notwendig, das rechte Maass zu bekommen. Ich bitte Dich also, thue mir den Gefallen und lass Dir von dem Schuster Deines Vaters ein genaues Muster von Papier schneiden, wie gross das Oberzeug sein muss und schicke es mir nach Frankfurt, wo ich gerade jetzt Geschäfte habe ... Ist der Schuster kein Genie und versteht nichts von zeichnen, so thut ein alter Pantoffel, den Dein Vater nicht mehr trägt, der ihm aber recht ist oder dessen etwaige Mängel gehörig bemerkt würden,... ich kann die Pantoffeln vom heiligen Crispinus fertig machen lassen. Ich hoffe, Du wirst mein Vertrauen nicht missbrauchen und weder Deinem Vater noch irgend einer Menschenseele entdecken, was ich vorhabe,...»

Ihr Vorhaben gelang. Am 20. Dezember 1816 konnte sie das Paket absenden, begleitet von einem weiteren Brief an den Sohn Goethes.

«Ich danke Dir für die vortreffliche Besorgung meiner Commissionen und wünsche Dir von Herzen zu Deinem und meinem Geburtstage alles Gute und Erfreuliche ...» «Das Kistchen, was hoffentlich den Montag Abend oder Dienstag Morgen in Weimar anlangen wird, bitte ich zu öffnen und die bewussten Pantoffeln nebst einem kleinen Bildchen, welches noch beygepackt, Deinem Vater am Christabend bei einigen Lichtern (denn das Licht ist mein Element) in meinem Namen zu bescheeren.»

Am 31. Dezember 1816 kommt Goethe in seinem Brief an Marianne von Willemer auf das Pantoffelgeschenk zu sprechen.

«Das Christkindchen hat dieses Jahr, man muss es gestehen, sich sehr liebenswürdig erwiesen, doch kann es eine gewisse Tücke nicht lassen, denn ob es gleich herkömmlich ist, dass man des Papstes Pantoffel küsse, weil ein Kreuz drauf, wohl auch, dass man die Füsse der Geliebtesten liebkose, um anzudeuten, dass man sich dem Willen ganz hingibt, der sich uns ergeben hat, so ist es doch unerhört, dass man eine würdige Person durch magische Zeichen nöthige, die Hülle seines eigen Fusses zu verehren, wozu moralisch und physisch gar wunderbare Gebärden nöthig wären ...»

Ein Paar Pantoffeln, Geschenk der Marianne von Willemer an ihren Freund Goethe, Weihnachten 1816.

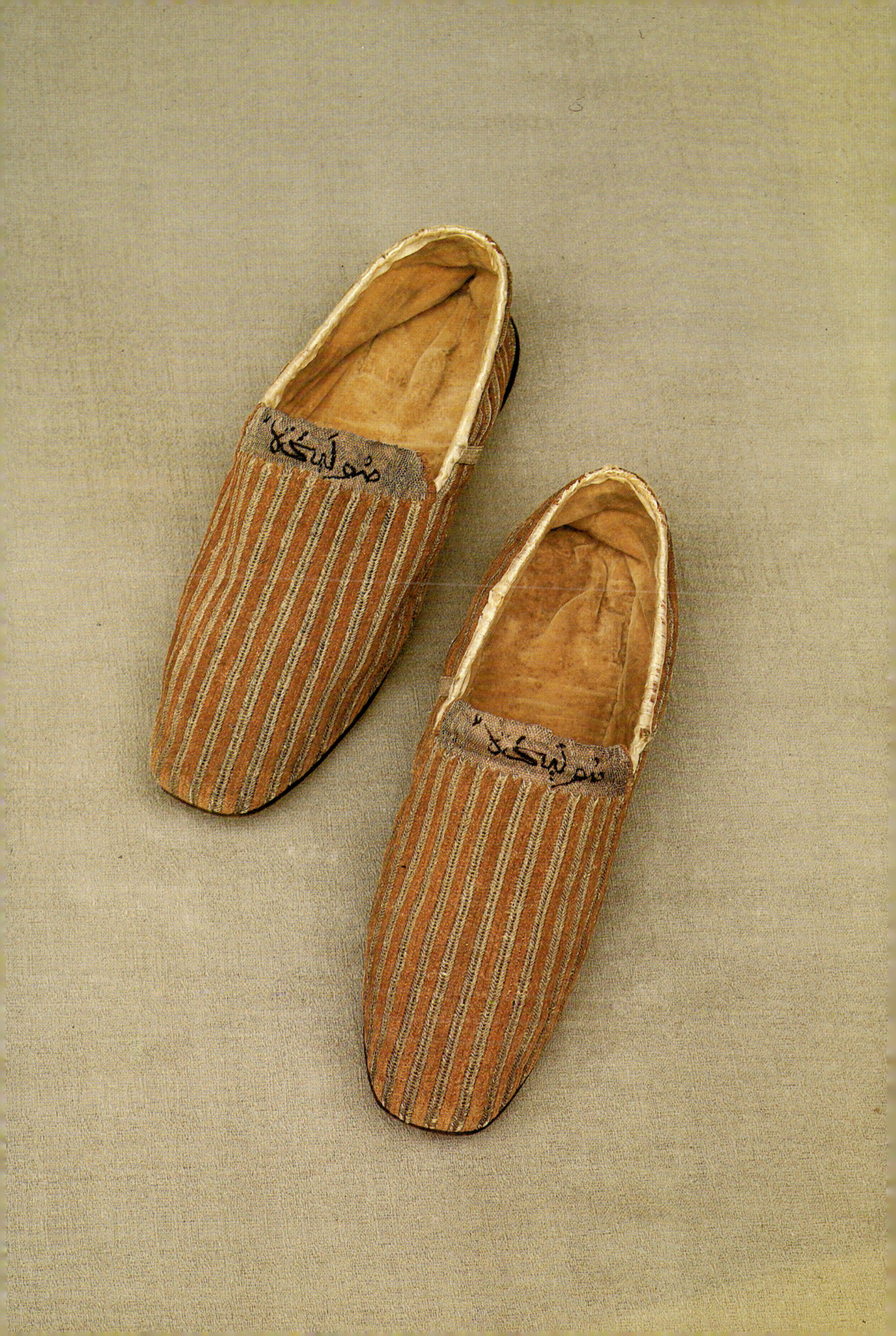

Was Frau Schusterin den «Merveilleuses» anzubieten hat

In der Schürze, die Frau Schusterin als Tragtasche verwendet, haben mehr Schuhe Platz gefunden, als für den Betrachter des Stiches sichtbar werden. Diese sehr kleinen, flachen und absatzlosen Schuhe, in Frankreich «Escarpins» geheissen, gehörten zur Garderobe der modebewussten Frauen des Directoires und Empires (von 1795 bis 1825) ebensosehr wie das «Chemisekleid», ein hemdartiger, lose fallender, auf Verzierung fast ganz verzichtender Rock aus leichten, oft hauchdünnen Stoffen.

Die Frau Meisterin, in der Wahl ihrer Kleider etwas bedächtiger und um würdevollen Auftritt bemüht, hat sich für einen Rock aus kräftigerem Stoff mit langen Ärmeln und kleinerem Halsausschnitt entschieden, dafür aber in Frisur, Halsschmuck und Fussbekleidung mit den Eleganten der damaligen Zeit, den Merveilleuses, durchaus Schritt gehalten. Noch ist sie die Schuhverkäuferin in einem Betrieb, der Herstellung und Vertrieb unter einem Dach vereint. Doch schon jetzt ist der handwerkliche Schuhmacherbetrieb, der bisher auf Bedarf gearbeitet hat, auf dem Weg zu einer Vorratsschusterei. Die Restpaare, die in der Stadt nicht verkauft worden sind, werden von hausierenden Schuhverkäufern der Bevölkerung auf dem Land angeboten. Der vom Hersteller unabhängige Schuheinzelhändler ist bereits in Sicht.

Eine sehr bezeichnende Einzelheit, die man auf dem Bild nicht übersehen darf, ist der lange, aus Horn oder Elfenbein gearbeitete Schuhlöffel. Es versteht sich, dass Damen, die ihre Füsse in so zarte, seidene Hüllen stecken wollten, ohne dieses Instrument nicht auskamen.

Aus der Zeit dieser zarten Escarpins stammt wohl auch die nette Anekdote, die eine Begegnung zwischen dem bekannten Pariser Schuhmacher Cnops und einer weiblichen Kundin zum Inhalt hat. Als sich die Kundin nämlich bei ihm beklagte, dass ihr Schuh schon geplatzt sei, obgleich sie ihn erst eine Stunde getragen habe, betrachtete er den Schuh und, endlich den Grund des Missgeschickes herausfindend, rief er aus: «Ja, das glaube ich wohl, da muss ein Schuh ja reissen. Madame sind damit gegangen.»

Kolorierter Kupferstich von Santé und Gatine
«Paris. Cordonnière», um 1810.

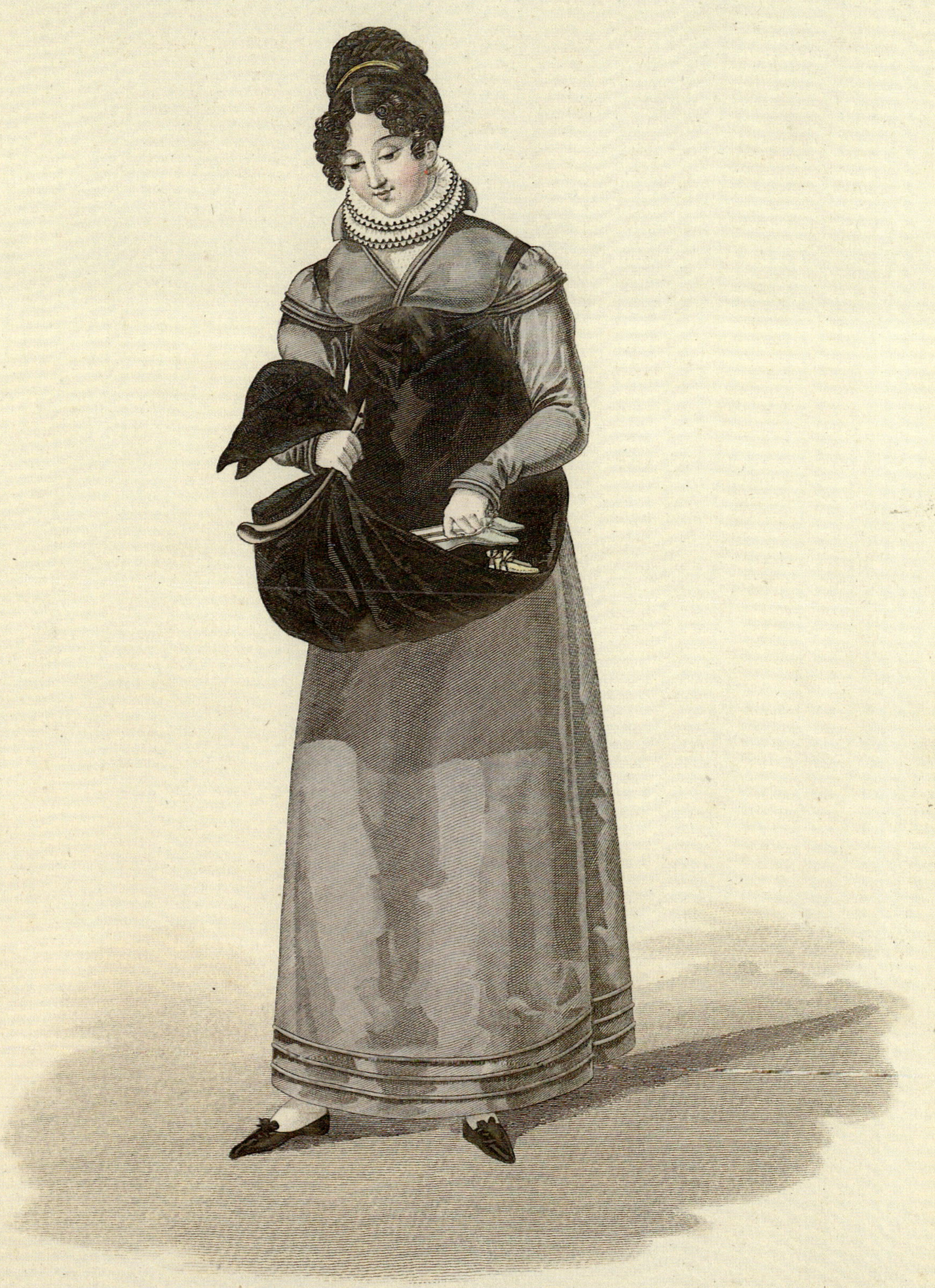

Paris. Cordonnière.

té del. Gatine sculp.

Der Absatz – Opfer der Französischen Revolution

Der Einschnitt, den die Französische Revolution in der Kultur- und Kostümgeschichte bildet, drückt sich höchst sinnfällig auch in der Schuhgeschichte aus. Die Schnallenschuhe der Herren und die Stöckelschuhe der Damen mussten der gewollten Proletarisierung zum Opfer fallen; die radikalen Republikaner, die statt der Kniehosen der Aristokraten nur mehr lange Hosen, die Pantalons der Seeleute, tragen wollten und deswegen «Sansculotten» genannt wurden, vertrauten ihre Füsse recht unförmigen Holzschuhen, *sabots*, an. Mit derartigen Übertreibungen räumte Napoleon im Directoire (1795 bis 1799) auf; man propagierte republikanische Würde und sah diese am besten verwirklicht in Trachten antiken griechischen oder römischen Stils.

Zu den neueingeführten, dünnen, glatt herabfallenden, vermeintlich griechischen «Chemisekleidern» trugen Damen erst Sandalen, dann ganz flache, dünnsohlige, absatzlose Schuhe, die mit ihren kreuzweise über dem Unterschenkel geschnürten Bändern an antike Sandalen erinnerten. Der Wechsel vom Stöckelschuh zum absatzlosen Escarpin entsprach einem tiefgehenden Wandel im Gehaben. «Die marionettenhafte Zierlichkeit des Ganges der Rokokomenschen wich dem gleitenden Schwung einer neuen, halb heroischen, halb sentimentalen Generation. Man kann das an dem Wandel des Tanzstiles erkennen. Das abgezirkelte Menuett begann durch schleifende und drehende Tanzschritte und Figuren abgelöst zu werden» (Dr. Wolfgang Born).

Die niedrigen, sehr leichten Escarpins waren ebensowenig wie die als «Nacktmode» verschrieenen Hemdkleider für schlechtes Wetter und kalte Jahreszeiten gemacht. Der Katarrh, den man sich mit dieser allzu leichten Bekleidung regelmässig einhandelte, mag mit daran schuld sein, dass man sich recht bald auf eine weniger nackte Mode besann und im Falle der Fussbekleidung sehr rasch auf knöchelhohe, aber immer noch absatzlose Stiefeletten umstieg. Der erste Schritt in die behaglichere Zeit des Biedermeier war damit bereits getan. Die fussbodenlangen, trichterförmigen Röcke, die schon im Empire (1800 bis 1820) das Chemisekleid zu verdrängen begannen, sorgten dafür, dass höchstens die Spitzen dieser zierlichen Stiefeletten ans Tageslicht treten durften.

In einem Couplet, das man zur Zeit der «Nacktmode» auf den Strassen von Paris sang, wusste man dem Hemdkleid, wenn auch auf spöttische Weise, eine positive Seite abzugewinnen: es war nämlich viel billiger als alle seine Vorgänger. Die ganz unscheinbaren Escarpins durften wohl ein ähnliches Lob einstecken.

Damenstiefelette mit seitlicher Schnürung aus beigem Baumwollstoff, ohne Absatz, Deutschland, um 1830 (oben).
Damenschuh aus schwarzbrauner Seide mit Schleife und Kreuzbändern, Stockholm, vor 1830 (unten).

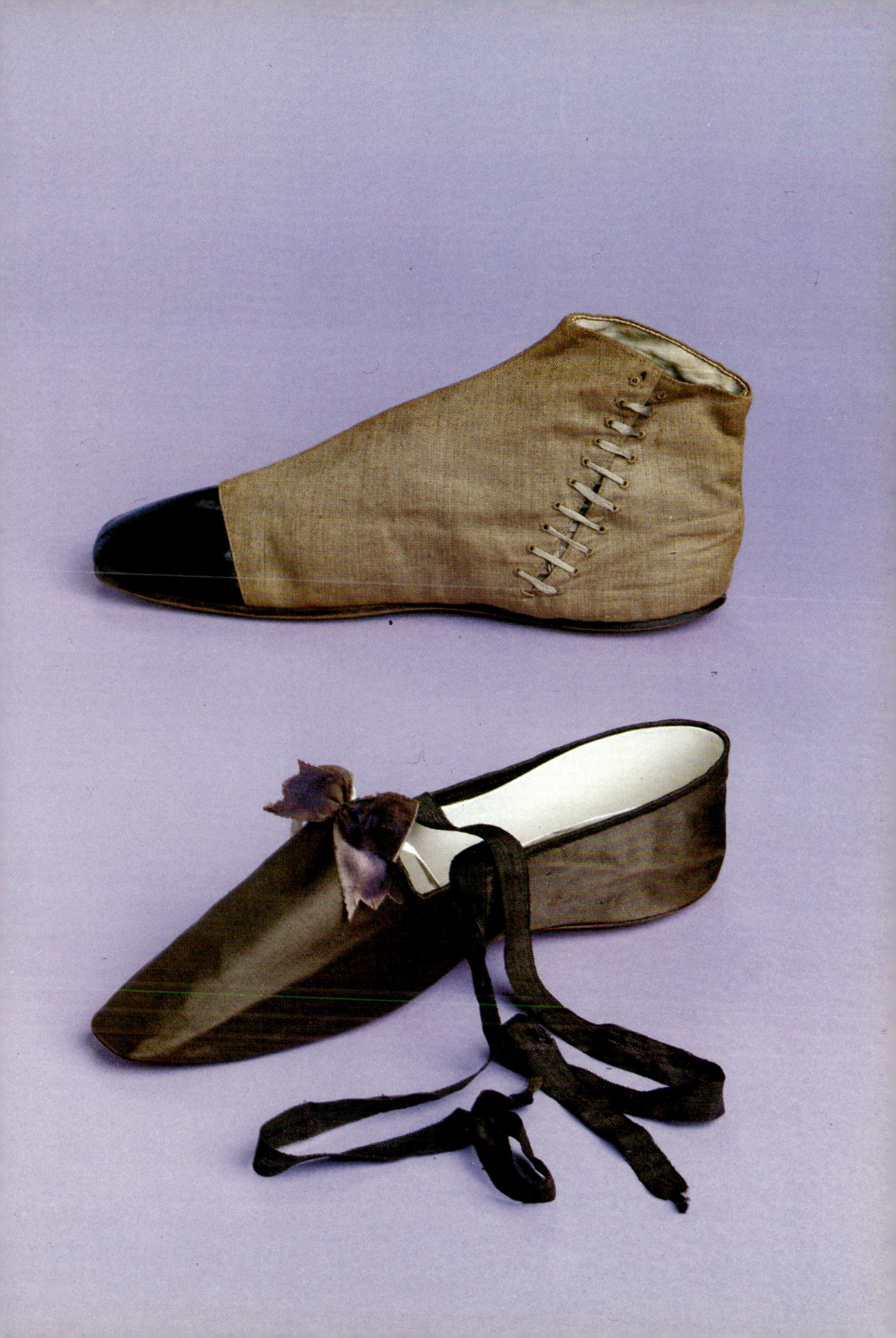

Seidene Damenstiefeletten im Zeitalter der Krinoline

Nach den Stürmen, die Napoleon in ganz Europa entfacht hatte, begann sich vom zweiten Jahrzehnt des 19. Jahrhunderts an die idyllische Ruhe des Biedermeier auszubreiten. Nicht ganz so ruhig gestaltete sich in dieser Epoche kleinbürgerlicher Behaglichkeit das Geschehen rund um die Schuhmode. Die modischen Formen begannen sich rascher zu entwickeln. Erstmals traten Modelle auf, die nicht mehr im handwerklichen Kleinbetrieb einzeln angefertigt, sondern von Schuhfabriken in Serien hergestellt worden waren. Dem Idyll der Schusterstube drohte ein baldiges Ende.

In der Biedermeierzeit – von 1815 bis 1848 – wurde der sehr schmale Halbstiefel zum Modeschuh für die Frauen. Er verdrängte 1830 endgültig den flachen Pump mit Kreuzbindung um Knöchel und Wade. Auferstehung erlebte aber der republikanischer Schlichtheit und Strenge zum Opfer gefallene Absatz. Sein Wiederauftritt fiel zwar hinsichtlich Höhenmassen noch recht bescheiden aus, doch nach 1850 hat er an Höhe wieder deutlich zugesetzt und zugleich, im Rückgriff auf Vorbilder des Rokoko, wieder geschweifte (Louis-XV-)Form angenommen.

Die Damenstiefeletten des Biedermeier und des darauf folgenden Zweiten Rokoko sind zumeist aus Seide gefertigt und werden seitlich geschnürt. Solch zierliche Schuhe auf Bildern der Epoche entdecken zu wollen, kommt einem fast aussichtslosen Unternehmen gleich, denn die Damen kleideten sich ausnahmslos mit langen Röcken, die sich zu dieser Zeit von den Hüften abwärts zu Reifröcken, zu den berühmten Krinolinen, weiteten. Erst als die Keckeren unter den Damen, zum Beispiel Kaiserin Eugenie, den Rocksaum über den Knöchel aufsteigen liessen, kamen die niedlichen Stiefelchen – gelegentlich aus den Spitzen der damals modischen Unterhosen hervorlugend – endlich ans Tageslicht.

In ihrer Form als sehr schmale Halbstiefel aus Seide und mit ihrer Geradleistigkeit, die auf den Unterschied von rechtem und linkem Fuss nicht achtet, stimmen die drei Damenstiefeletten, die auf unserem Bild angetreten sind, mit einer Modelinie überein, die sich noch stark an die Mode des Biedermeier anlehnt. Dass aber mindestens zwei von ihnen bereits der nachfolgenden Epoche angehören, zeigt die Art, wie der Halbstiefel am Fusse festgehalten wird. An die Stelle der noch im Biedermeier üblichen seitlichen Schnürung sind jetzt die Knöpfung und der Elastikzug getreten, zwei Errungenschaften, die sich die ersten Schuhfabrikanten besonders zunutze gemacht haben. Noch aber ist die Zeit für fussgerechtere Schuhformen nicht angebrochen. Das Jahrhundertende ist noch abzuwarten, bis man hier Remedur schafft und dem Fuss, dem rechten und dem linken, den richtigen Schuh verpasst.

Damenstiefelette aus weisser Seide mit Elastikzug, Paris, 1867 (oben).
Damenstiefelette aus hellblauer Seide mit Seitenschnürung, Paris, um 1855 (links).
Damenstiefelette aus marineblauer Seide, seitlich geknöpft, London, um 1865 (unten).

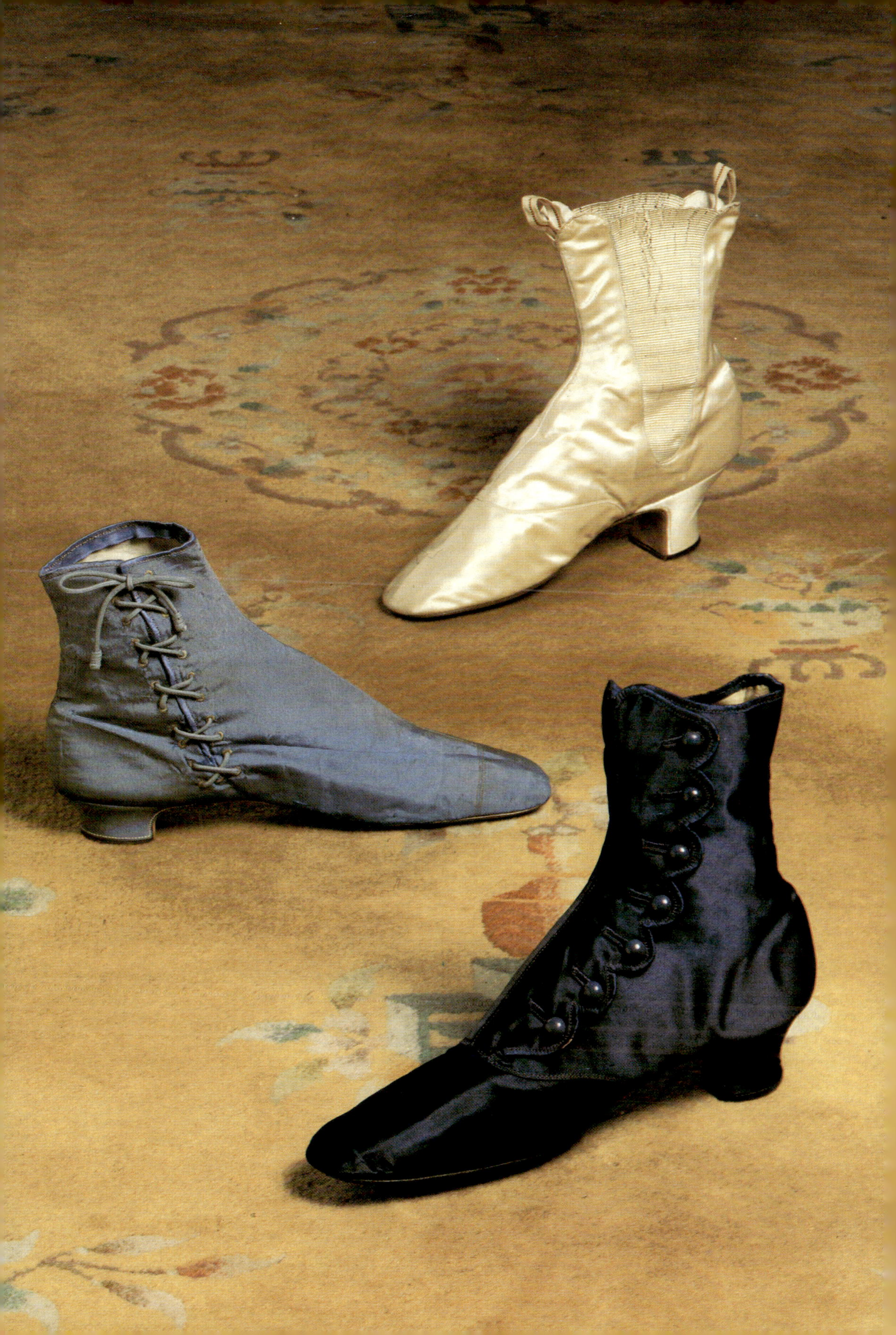

Sittsame Stiefeletten zu bodenlangen Röcken

Die ersten Jahre nach dem Krieg von 1870/71 brachten mit einem neuen Wohlstand eine Prunk- und Prachtliebe im Bau-, Wohnungs- und Kleidstil hervor, die bei den vielen neuen Reichen oft zu peinlicher Protzenhaftigkeit wurde. Heute, nachdem man genügend Abstand gewonnen hat, vermag man neben der falschen Pracht auch die Anmut und den Charme dieser Zeit – genannt Gründerzeit, von 1870 bis 1890 – zu entdecken. Die Mode, die ihre wichtigsten Impulse nach wie vor aus Paris und von der hier ausgebildeten «Haute Couture» empfing, war bestimmend vor allem für Frauen der Gesellschaft. Ihre Garderoben mussten die gesellschaftliche Stellung der Ehemänner oder der Familien möglichst vorteilhaft repräsentieren.

Die Krinoline war noch vor 1870 verabschiedet worden. An ihre Stelle traten Kleider, die Taille und Hüfte knappanliegend umhüllten und die Frauen noch schlanker und zugleich grösser erscheinen liessen. Noch aber war es eher verpönt, solche Röcke ganz fussfrei zu tragen. Zu bodenlangen Kleidern, die die Beine verdecken mussten, wollten nur Stiefeletten passen. Die Halbschuhe oder Pumps, die in den siebziger Jahren vermehrt zum Vorschein kamen, waren erst als Bestandteil der Ballgarderobe geduldet und setzten sich erst gegen Ende des Jahrhunderts als Standardschuhe der Damen durch.

Vorrangig wurde in dieser Zeit die Frage nach einer fussgerechten Form des Schuhes. Unter dem Einfluss des sich immer weiter verbreitenden Sportes wurde mehr Gesundheit und Hygiene auch für den Fuss gefordert. Doch weder die Schuhmacher, die für anspruchsvollere Kunden Schuhe nach Mass fertigten, noch die sich stürmisch entwickelnde Schuhindustrie, die den Markt mit einer unübersehbaren Fülle von Schuhformen aus verschiedensten Materialien zu beliefern begannen, vermochten das Problem befriedigend zu lösen. Durch unterschiedliche Sohlenzuschnitte, die auf links und rechts Bedacht nahmen, konnte man dem Fuss, der sich durch eine natürliche Rechts- und Linksungleichheit auszeichnet, noch nicht gerecht werden.

Als nicht ganz gewöhnliche Fabrikschuhe – auf ihnen lastete in dieser Zeit der Ruf der Minderwertigkeit – sind die drei Stiefeletten zu betrachten, die im Bild ihre Aufwartung machen. «Impératrice» (Kaiserin) war der Name, den der Hersteller seiner hübsch mit Alpenfloramotiven bestickten Elastique-Bottine auf den Weg gegeben hat. Nicht weniger fürstlich sieht die zweite Stiefelette aus, deren spitzenartige Steppgarnitur dem sonst eher streng wirkenden Halbstiefel ein besonders edles und doch liebliches Ansehen verleiht.

Elastique-Bottine aus schwarzer Seide mit farbiger Stickerei, fabriziert in der Schweiz, 1888–1890 (links oben).
Schnürstiefelette mit Steppgarnitur, für die Schweizerische Landesausstellung von 1883 in Zürich hergestellt (rechts).
Schnürstiefelchen aus einem «Millefleur» genannten Stoff, für Töchter, hergestellt in der Schweiz, 1880–1885 (unten).

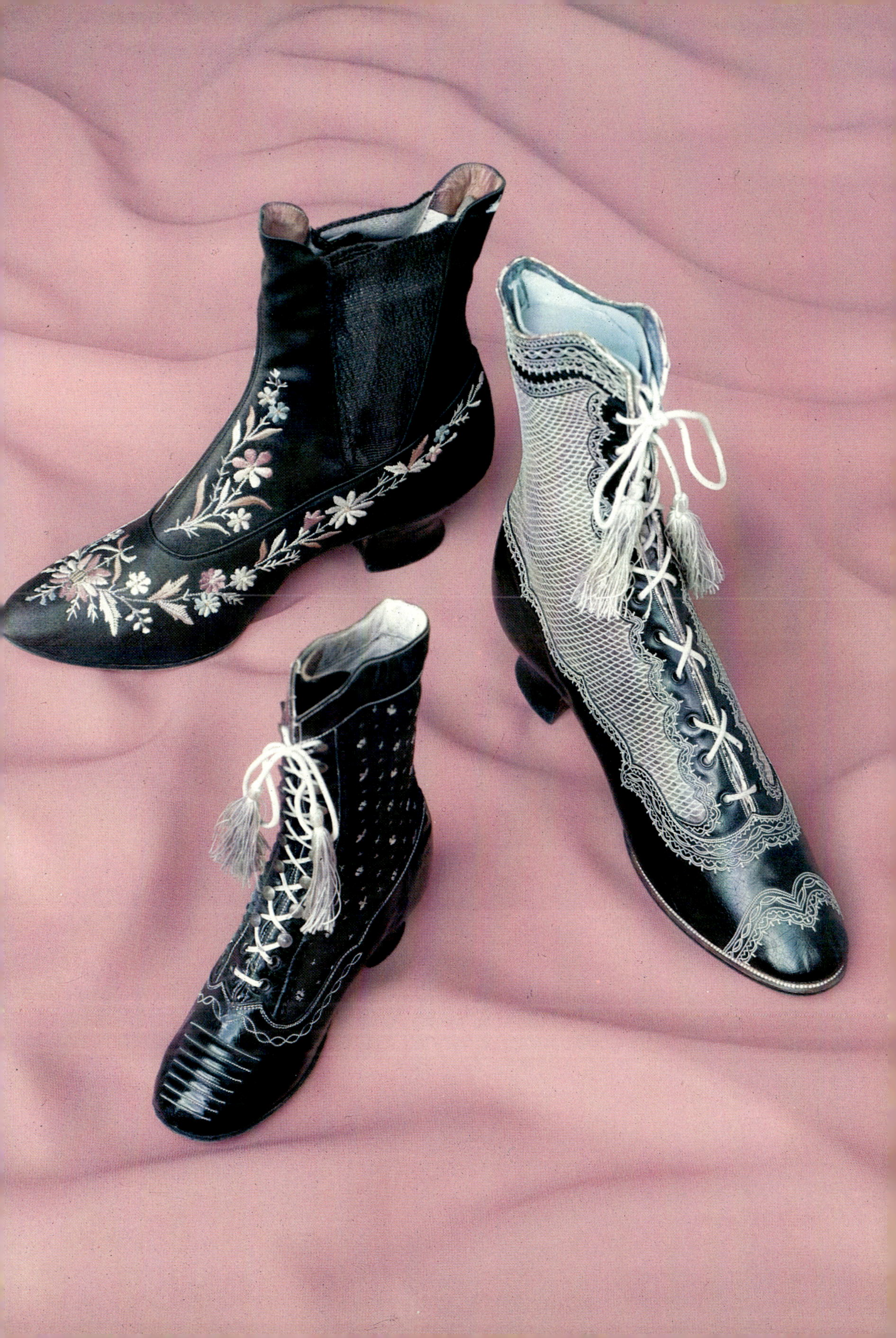

Die Stiefelette weicht mehr und mehr dem Halbschuh

Von den siebziger Jahren des 19. Jahrhunderts an beginnen sich im Zuge einer allgemeinen Liberalisierung die Rocklängen zu verkürzen. Entdeckt wurden mehr und mehr die Beine der Frauen, und ihre Füsse durften sich, bekleidet mit niedrigen Schuhen, mit Pumps, in der Öffentlichkeit zeigen. Die bis dahin vorherrschende geschnürte, geknöpfte oder mit einem Elasteinsatz versehene Stiefelette musste das Feld immer mehr dem Pumps überlassen. Durfte sich der Pumps zu Beginn nur in der Rolle eines Ballschuhes gefallen, so war ihm fürderhin jene des gängigsten Gebrauchsschuhes für Damen zugedacht.

Die frühen Halbschuhmodelle, die sich auf unserem Bild vorstellen, sind zwar Produkte der damals aufstrebenden Schuhindustrie, aber in Ausführung – es handelt sich um arbeitsaufwendige, gewendete Schuhe – Material und Ausstattung geben sie sich als Schuhe von ausgesuchter Qualität zu erkennen. Einzig ihre Passform lässt noch zu wünschen übrig, denn obschon man den symmetrischen Schnitt der Sohle inzwischen aufgegeben hat, war die Zeit für einen fussgerechten Leisten und einen entsprechend unterschiedlichen Zuschnitt des Oberleders noch nicht reif geworden. Auffällig sind die geschweiften Absätze, die in Frankreich den Beinamen *«Bobinet»*, das heisst Fadenspule erhalten haben und im deutschen Sprachraum nicht weniger spöttisch mit dem Ausdruck «Pfeifenkopf» bedacht wurden. Auf dem Schnürhalbschuh, der zwischen 1880 und 1885 entstanden ist, haben die für die Schnürung verwendeten Häkchen Premiere erlebt. Ihnen und den Bobinet-Absätzen sollte noch ein langes Leben beschieden sein.

Damen-Schnürhalbschuh aus «Millefleur»-Stoff und Lackleder, fabriziert in der Schweiz, exportiert nach Südamerika, 1880 bis 1885 (oben links).
Damen-Bridenschuh mit Zinnornamenten und hohem, geschweiftem, Absatz, schweizerisches Exportprodukt für Südamerika, 1874 bis 1878 (Mitte).
Damenschuh aus schwarzem Schafleder mit markantem Ristlappen, Lederrosette und Metallschnalle, London, 1871 (unten).

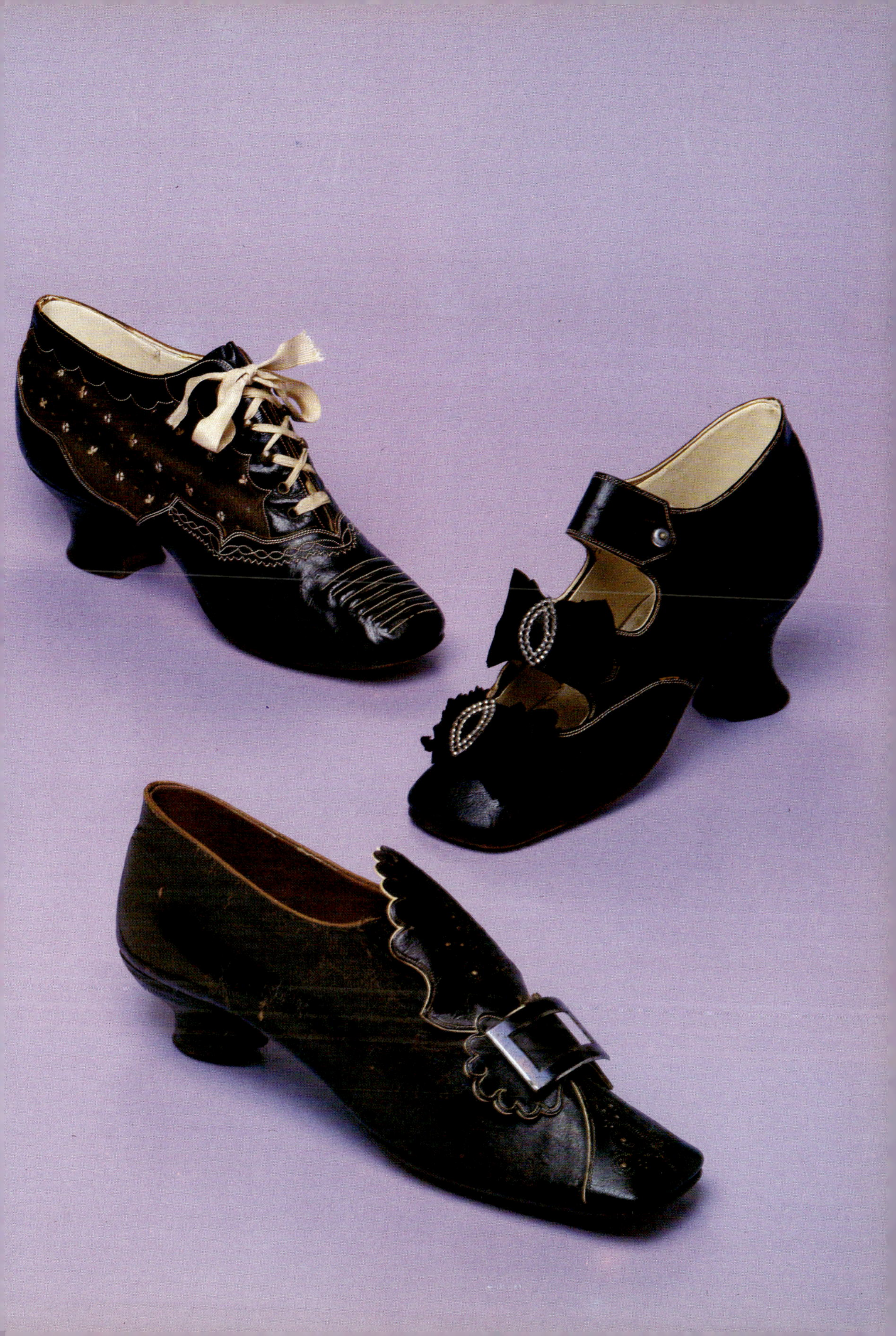

Bottinen für den korrekt gekleideten Herrn

«Beau Brummel» (George Bryan Brummel, 1787–1840), den «Fürsten aller Dandys», muss man wohl herbemühen, wenn man der Geschichte dieser eleganten Herrenhalbstiefel oder Bottinen, die bis weit ins 20. Jahrhundert hinein fester Bestandteil der Herrenmode waren, auf den Grund gehen will. Die um ihn gescharten zahlreichen Freunde und Bewunderer, unter ihnen der Prinz von Wales und nachmalige König Georg IV. von England, sind es nämlich gewesen, die dem von ihm «erfundenen» und vordemonstrierten Bekleidungsstil nicht nur auf den Britischen Inseln, sondern auch auf dem Kontinent und in Übersee zum Durchbruch verholfen haben. Beau Brummel verpönte Pracht und Farben, bevorzugte Schwarz und gab die Parole aus, dass nicht die Aufmachung, sondern der tadellose Schnitt des Anzuges und der Schick, ihn zu tragen, den eleganten Mann kennzeichnen.

Brummel folgte nicht der Mode, die Mode folgte ihm. So gefiel es ihm, abends in dunkelblauem Anzug und langer, enganliegender Hose auszugehen, und dazu trug er – die Idee sollte die Männer viele Jahrzehnte lang verfolgen – geschnürte Halbstiefel. Zur Kenntnis genommen hatte man natürlich auch, dass Beau Brummel bei glanzvollen Anlässen niedrige, verschlusslose Pumps in schwarzer Farbe zu tragen pflegte, bei der morgendlichen Ausfahrt aber halbhohen, weichen Stiefeln, passend zu wildledernen Kniehosen, den Vorzug gab. Die Herrenschuhgarderobe war so für die nächsten hundert Jahre im wesentlichen komplett.

Die Schuhindustrie, die von der Mitte des 19. Jahrhunderts an die Schuhfertigung dem Handwerksbetrieb zu entreissen begann, hatte sich schnell dieser Herrenhalbstiefel angenommen. Der Einsatz von Maschinen und die Anwendung neuer und billiger Fabrikationsmethoden gestatteten ihr, nicht nur die Zahl der Modelle zu vergrössern, sondern die Schuhe in so grossen Serien herzustellen, dass sie auch für den kleinen Mann erschwinglich wurden. Nachdem es seit 1821 möglich geworden war, Schuhleisten fabrikmässig auf der Drehbank herzustellen, konnte man nun auch der Passform und der Unterscheidung von rechts und links vermehrt Beachtung schenken. Doch hinsichtlich Qualität und Eleganz vermochten lange nicht alle Fabrikschuhe in gleichem Masse zu genügen. Nicht umsonst steht auf dem Fabrikzettel der hier abgebildeten älteren Bottine der Vermerk, dass ihr Rahmen – es handelt sich um einen rahmengenähten Schuh – «handgearbeitet» sei. Wo es auf Qualität ankam, vermochte die Maschine geübte Schuhmacherhände noch nicht in allen Teilen zu ersetzen. Nicht ganz auf der Brummel-Linie, die alles Exzentrische mied, dürfte die zweite, jüngere Bottine liegen. Wenn man den Aussagen eines zuverlässigen Zeugen glauben darf, haben vor allem junge Herren solchen Schuhen zugesprochen, um den vielbesungenen blonden Schönen auf Studentenbällen zu imponieren.

Schnürstiefel für Herren, fabriziert in der Schweiz, exportiert nach England, 1885–1887 (oben).
Knöpfbottine für Herren, auffallend lange Form, Deutschland, 1908.

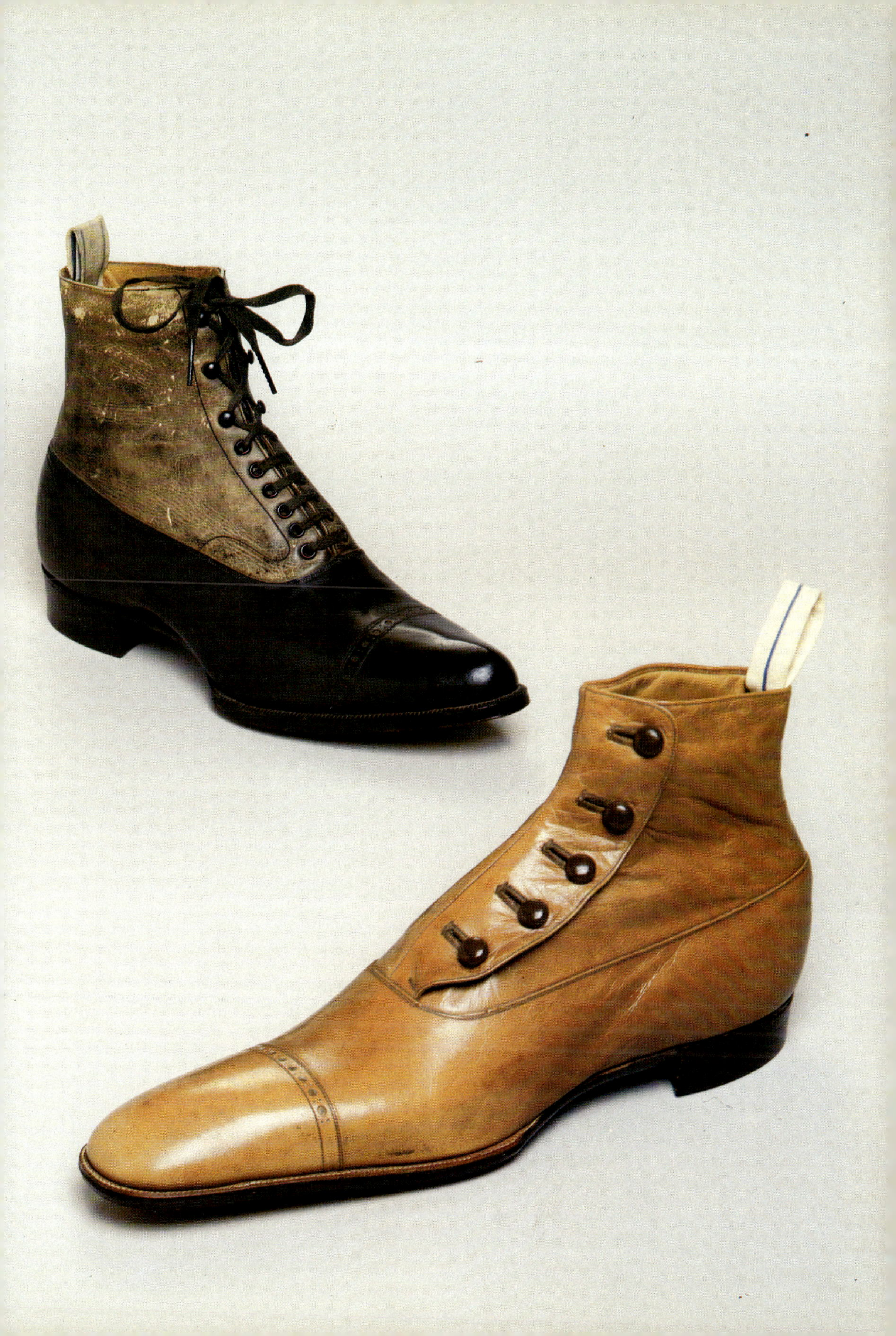

Kinderschuhe – nach dem Mass der Erwachsenen

Für eine zweckmässige Kleidung der Kinder hatte sich der englische Philosoph John Locke schon 1693 in seinen «Gedanken über Erziehung» eingesetzt. Doch seine Stimme wurde erst hundert Jahre später auf dem Kontinent vernommen. Die sportfreudigen und landliebenden Engländer liessen noch vor Beginn des 19. Jahrhunderts den praktischen Matrosenanzug schneidern, und zusammen mit den Hängern à l'anglaise für Mädchen begann er alsobald in unzählige Kindergarderoben in ganz Europa einzuziehen. Später aber waren es meist Willkür, Unverstand und nur selten Verstand, welche die Bekleidung der Kinder bestimmten. Der Einfluss der Erwachsenenmode blieb weiterhin übergewaltig. Noch fast im ganzen Jahrhundert glichen sich die Väter und Söhne, die Mütter und Töchter in ihrer Kleidung – auch in der Fussbekleidung. Der Schuh des Sohnes nahm sich aus wie eine Miniaturnachbildung des väterlichen Halb- oder Dreiviertelstiefels, es sei denn, man habe den Knaben, wie dies in den achtziger Jahren da und dort üblich war, gar mädchenhaft aussehende Stiefeletten verordnet. Die Schnür-, Knöpf- oder Elastikstiefeletten der Mädchen, genau denjenigen ihrer Mütter nachgebildet, hatten immerhin die Chance, voll ans Tageslicht zu treten, denn die taillenengen, stoffreichen Kleider durften deutlich kürzer sein, und die langen, spitzenbesetzten Höschen des Spätbiedermeier verschafften den zierlichen Stiefeletten noch zusätzliche Aufmerksamkeit.

Das auf dem Bild angetretene Kinderstiefelchen mit den auffälligen Zuglaschen ist ein getreues Abbild eines im Biedermeier modischen Dreiviertelstiefels, den Herren auf der morgendlichen Ausfahrt oder auf Spaziergängen zu langen Hosen trugen. Genauso wie dem Vater mutete man es auch dem Sohn zu, mit einem Schuh vorliebzunehmen, der gar nicht fussgerecht und erst noch zu schmal war. Viel fussgerechter sind die zwei jüngeren Stiefeletten, die ihrerseits aber Erwachsenenschuhformen verpflichtet bleiben, der Mädchenbottine allerdings nicht nur lustige Quasten am Ende der Schnürbänder, sondern auch einen niedrigeren Absatz zugestehen. Sehr brav und drollig sehen sie alle aus, aber den kindlichen Schuh, den farbenfrohen, geschmeidigen und ganz fussgerechten Kinderschuh wird erst das 20. Jahrhundert bringen.

Kinderstiefelchen aus Schafleder, Zürich, um 1830 (oben links).
Kinderstiefelette aus Ziegenleder zweifarbig, Schnürbänder mit Quasten, fabriziert in der Schweiz, 1880 bis 1885 (rechts).
Kinderstiefelette mit Elastikeinsatz und Metallverstärkung an der Spitze, fabriziert in der Schweiz, 1880 bis 1883 (unten).

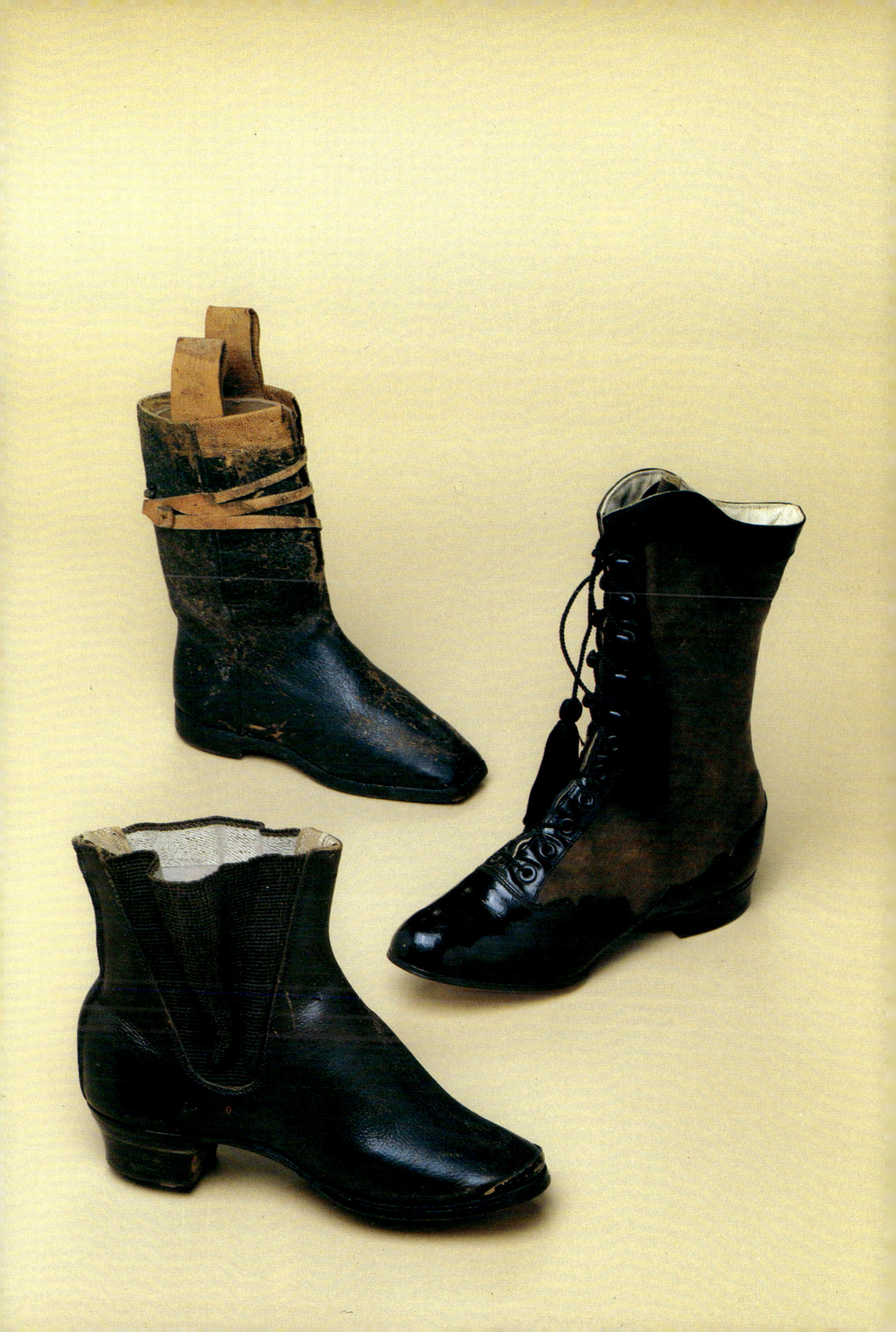

Anprobe im Schuhgeschäft

Die Schuhproduktion ist nach durchgeführter Mechanisierung aus den Händen des Schusters in die des Schuhfabrikanten übergegangen. Den Verkauf seiner Produkte hat inzwischen der Einzelhändler übernommen. Dieser Vorgang der Ablösung von der Werkstatt war mit vielen Schwierigkeiten verbunden. Alles musste anfänglich improvisiert werden, da jede Erfahrung für einen unabhängigen, sesshaften Einzelhandel fehlte.

Anfänglich lieferten die Fabriken ihre Ware dem schon bestehenden Markt- und Hausierhandel oder errichteten Fabrikdepots. In der Schweiz übernahmen es die bereits vorhandenen Grossisten der Textil- und Haushaltartikelbranche, die industriell gefertigten Schuhe abzusetzen. Ihre Reisenden besuchten die Kundschaft mit Ross und Wagen und nahmen jeweils eine kleine Auswahl an Gebrauchsschuhen zusätzlich mit auf die Reise. Sie verstanden es, Krämer und da oder dort auch aufgeschlossenere und finanzkräftige Schuhmacher für den neuen Artikel zu interessieren. In dem Masse, in dem es den Fabriken gelang, bessere und leichtere Schuhe herzustellen, wuchs das Interesse an solchen Artikeln und damit die Zahl der Verkaufsstellen.

Bald war es soweit, dass einzelne Grossisten ihre angestammten Arbeitsgebiete verliessen und sich ausschliesslich dem Schuhgrosshandel verschrieben. In den sechziger Jahren des 19. Jahrhunderts wurden in grösseren Städten reine Schuhwaren-Fachgeschäfte eröffnet – in Berlin zum Beispiel im Jahre 1865 –, und solche Geschäftsgründungen folgten sich dann in Städten und grösseren Ortschaften auf dem Fuss. Die Mehrzahl der Geschäfte war damals allerdings noch relativ klein und sehr einfach eingerichtet. Die Schaufenster waren, dem Zeitstil entsprechend, hoch und schmal gehalten und mit eisernen Rolläden versehen. In den Geschäften an den Haupteinkaufsstrassen war es eine Zeitlang üblich, vor dem Laden die möglichen Käufer anzusprechen und fast mit Gewalt in den Laden hineinzuziehen.

Beim Anblick des französischen Aquarells von 1895 fühlt man sich noch ein wenig in die Zeit der Schusterstube zurückversetzt, wo die Schustersfrau in einem besonders ausgesparten Raum der Werkstatt die Kunden empfing und ihre Wünsche zu befriedigen suchte. Doch etwas Wichtiges hat sich seither geändert: Die Frau Schusterin hat ihre Verkäuferinnenrolle endgültig ausgespielt und sie dem Händler, seiner Frau oder angestellten Schuhverkäuferinnen abgetreten. Der Laden – oder hier der Marktstand –, so kleinräumig er auch sein mochte, stellte die zahllosen Typen und Formen freimütig aus, nur die ganz vornehmen Schuhe wurden sorgsam in Schachteln aufgehoben. Für einfachere Haus- oder kräftigere Arbeitsschuhe waren die Deckenbalken des Standes der beste Ort, um sie dort an ihren eigenen Nesteln aufzuhängen. Auf die Rechnung kamen hier alle . . ., sogar Kleinkinder, denen man die ersten Schritte ins Leben so glückhaft wie möglich machen wollte.

Aquarell von Beaumont «L'essayage», französisch, 1895.

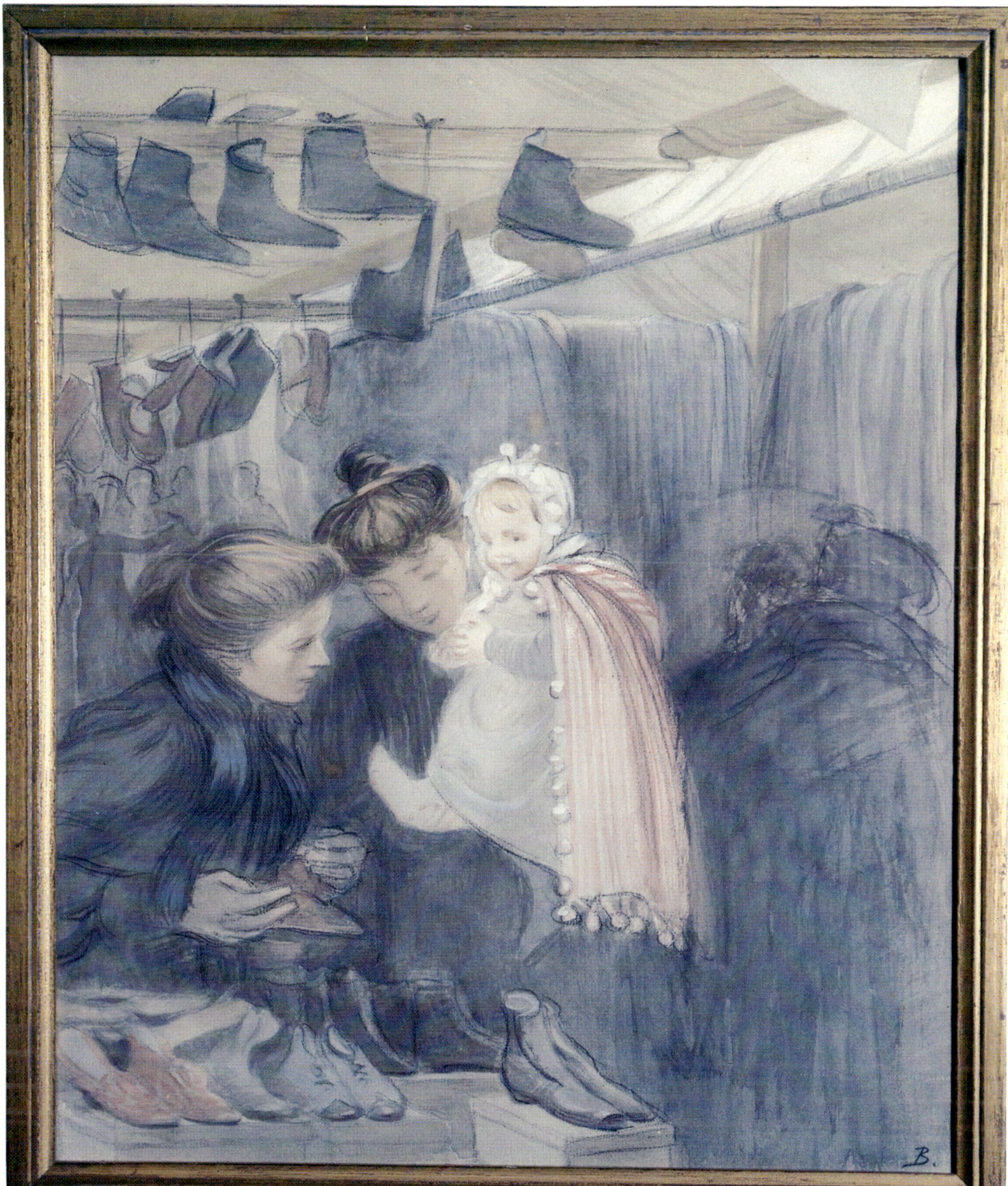
B.

Verkürzung der Rocklängen – Sieg der Beine und der Pumps

An der Wende vom 19. zum 20. Jahrhundert begannen sich die Frauen zu emanzipieren, viele Tabus in der Damenmode fielen dahin, die Beine durften gezeigt werden. Die Mode fing sogleich an, sich brennend für die Damenbeine zu interessieren und verschrieb ihren Füssen nicht allein mehr für den Gang auf den festlichen Ball, sondern auch für die Tagesgarderobe das Tragen von Halbschuhen oder Pumps. Der Pumps ist seither zum gängigsten Frauenschuh geworden und hat die Stiefelette fast vollständig ins Abseits zu drängen vermocht.

Die Fülle der Formen, mit denen die industriellen Hersteller jetzt die Käufer und Käuferinnen umwerben, ist nochmals grösser geworden. Gefragt sind leichtere und natürlichere Formen. Der Leisten, auf dem der Schuh gebaut wird, hat sich nun dazu bequemt, die natürliche Rechts- und Linksungleichheit des Fusses voll zu berücksichtigen. Verblieben ist dem Pumps der bereits bekannte Pfeifenkopf- oder Bobinetabsatz.

Um sich vom Ruf einer minderwertigen Qualität zu befreien, versucht die Schuhindustrie nicht nur in der Ausführung, sondern auch im Modell höhere Qualität zu erzielen. Sie engagiert Schuhmodeschöpfer – Kreateure –, die den Stil einer Zeit dem Schuh gestalterisch vermitteln und ihn so aus der stilarmen Dutzendware herausheben sollen. So konnte ein Stilist im Jahre 1897 auf die Idee kommen, für das Jubiläum der Königin Victoria zuhanden weiblicher britischer Kundschaft einen Schuh zu gestalten, dessen Ristgarnitur in durchbrochener Lederarbeit das mit Jaisstickerei überdeckte gezierte Monogramm V. R. trägt. Ein anderer Kreateur wählte sich 1904 als Dekor eine Libelle aus, ein Motiv, das ganz und gar dem Geschmack der Jugendstilzeit entsprach. Eine führende Gesellschaft gab es jetzt nicht mehr, die für alle Schichten den Ton angab. Die Führung wurde fortan den Modeschöpfern überlassen.

Damenhalbschuhe, Pumps, aus Leder oder Seide, spitze Form, mittelhohe geschweifte Absätze, Verzierungen verschiedener Art, fabriziert in der Schweiz, zwischen 1895 und 1904.

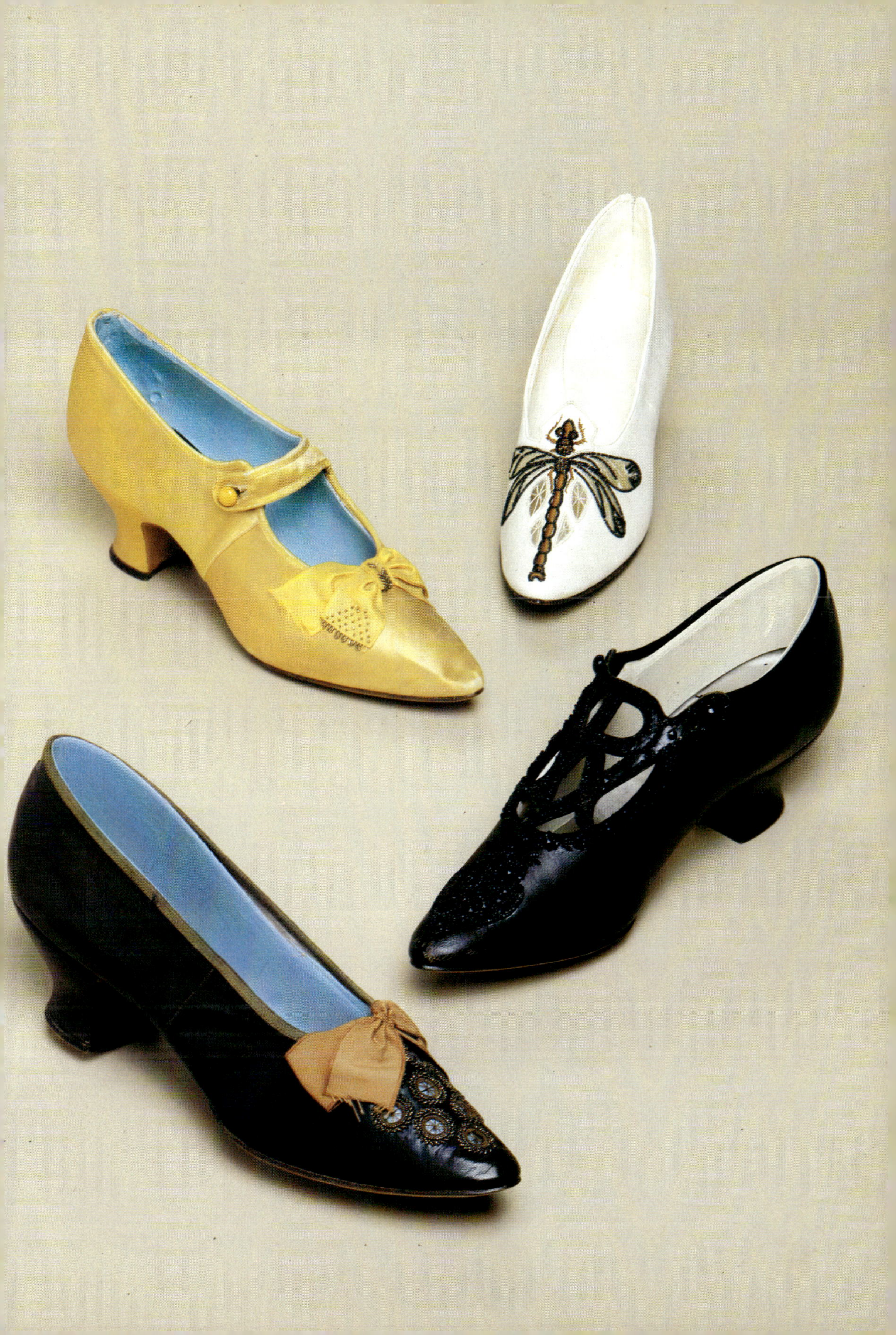

Kinderschuhe dürfen kindlich sein

Am Ende des 19. Jahrhunderts konnte man in Modezeitschriften lesen, dass es «entsetzlich geschmacklos und unelegant» sei, wenn die Kleidung kleiner und heranwachsender Kinder in Schnitt und Ausstattung dem Vorbild der Erwachsenen folge. Zu Beginn des 20. Jahrhunderts war es dann soweit: Die Kinder durften wirklich kindlich angezogen werden, und dem Trend zur Kindlichkeit folgte auch der Kinderschuh. Doch so eigenständig sich die Kinderbekleidung seither auch entwickelt haben mag, mit der Tagesmode der «Grossen» sind genügend Berührungspunkte geblieben.

Die im Bild versammelten Kleinkinderschuhe sind für das Angebot zwischen 1890 und 1920 zwar repräsentativ, doch den ganzen Reichtum an Formen, Schnitten und Zieraten vermögen sie doch nicht einzufangen. Es ist unverkennbar, dass sie alle noch von Formideen zehren, die bereits auf Schuhen der Erwachsenen verwirklicht sind: die gegen Ende des 19. Jahrhunderts auf Damenschuhen fast allgegenwärtige Spange, die eher extravagante Fesselbride englischer Manier oder die um die Jahrhundertwende topmoderne Knöpfstiefelette finden sich en miniature in der Kindermode wieder. Doch am viel älteren Spangenschuh aus dunklem, schwerem Rindsleder, der sich als Aussenseiter zur Gruppe gesellt hat, lässt sich ablesen, welch grosse Distanz man hinsichtlich des Kinderschuhkonzepts in einem halben Jahrhundert zurückgelegt hat: Der neue Kinderschuh hat jegliche Wucht, Düsterkeit und Enge verloren; geschmeidigere und farbenfrohere Leder umhüllen nun den Fussoberteil, die Schuhformen sind breiter und runder, das heisst fussgerechter geworden, und den Tatendrang hemmen keine allzu schweren Sohlen und Absätze mehr. Zur Geltung kommen Schmuck und Ausstattung der Kinderschuhe; der spielerischen Phantasie sind hier fast keine Grenzen gesetzt.

Die Stilisten solcher Schuhe wussten es wohl: Ein buntes, drollig verspieltes Schühlein musste nicht nur dem Kind selber gefallen. Gedacht hat man auch an die Mütter, Grossmütter, Tanten..., die sich solche Schuhe im Laden erstanden. Sie aber, nur schon in Erinnerung an eigene Kindheitstage, waren bestimmt entzückt davon.

Kinderschuhe aus der Schweiz und Deutschland, 1890 bis 1920.
Spangenschuh aus schwerem Rindsleder mit Eisenbeschlag auf Sohle und Absatz, Holland, 1840 (unten rechts).

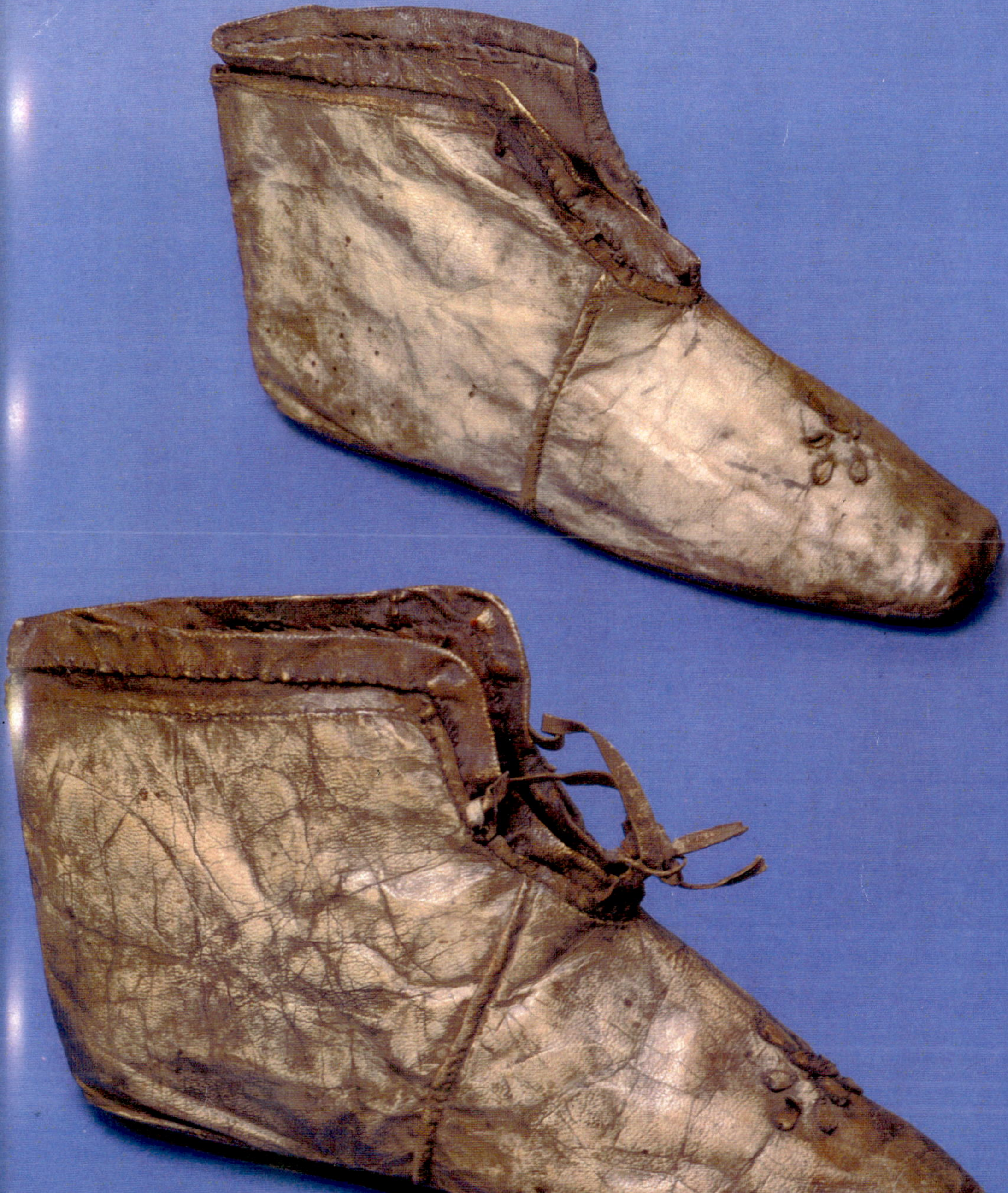

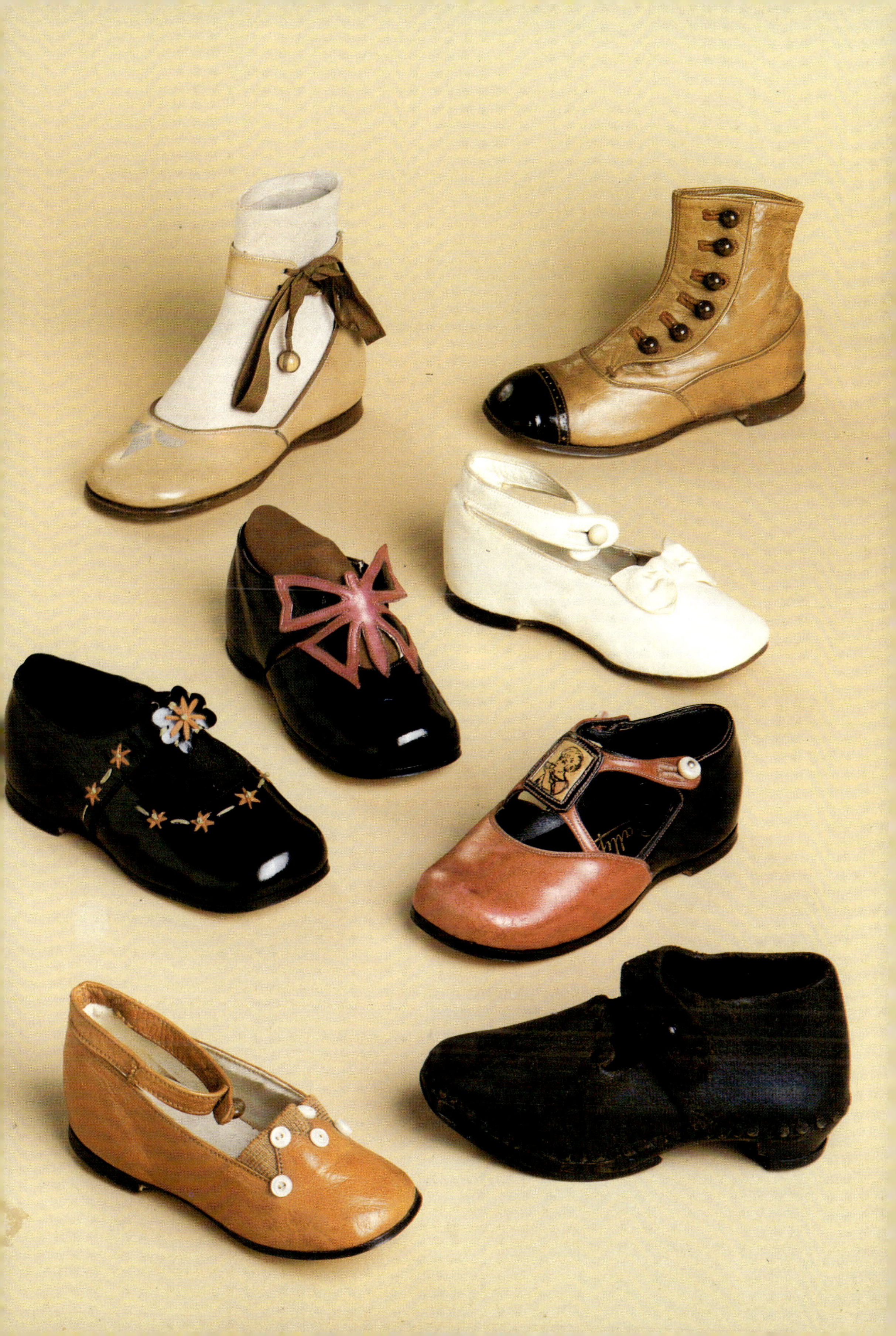

Inhalt